DIANA

Alexandre Dumas

Eine Reise an die Ufer des Rheins im Jahre 1838

Übersetzung, Vorwort und Erläuterungen zum Text
von Hanne Holzhäuer

DIANA VERLAG

Diana Taschenbuch Nr. 62/0061

Titel der Originalausgabe
»Excursions sur les Bords du Rhin«,
Paris 1841

Deutsche Erstausgabe 8/99

Der Diana Taschenbuchverlag ist ein Unternehmen der
Wilhelm Heyne Verlag GmbH & Co. KG, München
Printed in Germany 1999

Umschlagillustration: Christie's Artothek
Umschlaggestaltung: Hauptmann und Kampa
Werbeagentur, CH-Zug
Satz: Schaber Satz- und Datentechnik, Wels
Druck und Bindung: Elsnerdruck, Berlin
Gedruckt auf chlor- und säurefreiem Papier

ISBN 3-453-15582-3

http://www.heyne.de

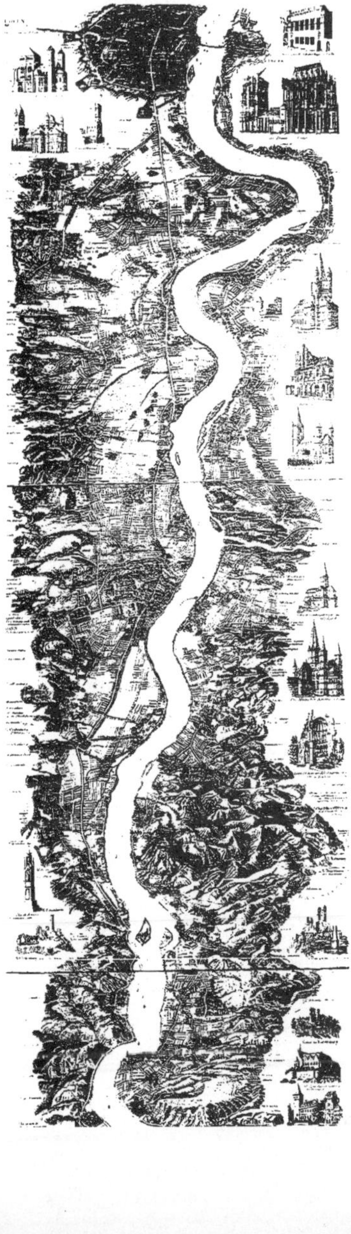

Inhalt

Vorwort 7

Der Rhein 13
Bonn 19
Adelheid-von-Geldern-Legende 34
Drachenfels 45
Drachenfels-Sage 48
Roland-Sage 53
Hammerstein-Sage 63
Koblenz 73
Hl.-Rizza-Legende 79
St. Goar 83
St.-Goar-Legende 88
Die Loreley 93
Frankfurt 99
Die Judengasse 111
Ausflüge 121
Falkenstein-Sage 126
Mannheim 133
Attentat von Karl-Ludwig Sand 140
Heidelberg 149
Das Große Faß 151
Studentenwesen 157
Karlsruhe 167
Rastatt 169
Favorite 173
Rotenfels-Sage 175
Peter von Staufenberg 181
Ebersteinburg-Sage 182
Peter-von-Staufenberg-Sage 186
Baden-Baden 199

Abbildungsnachweis 217

Vorwort

Rheinbücher gibt es zuhauf. Besonders im 19. Jahrhundert machten sich die Romantiker daran, den Rhein als Landschaft in Wort und Bild zu verherrlichen. Auch Ausländer bereisten den Strom, allen voran die Engländer. Mit der Erfindung des Dampfschiffs und der Gründung von Dampfschiffahrtsgesellschaften erlebte der Rheintourismus einen enormen Aufschwung. Zum Bildungsprogramm des Reisenden gehörte neben der Schweiz und Italien nun auch der romantische Rhein mit seinen Burgen und alten Städten.

1991 brachte der Pariser Verlag Flammarion eine Erstausgabe von 1841 neu heraus: »Excursions sur les bords du Rhin«. Es handelt sich dabei um eine Reisebeschreibung von Alexandre Dumas (1802–1870), père, wie er zur Unterscheidung von seinem Sohn, Schriftsteller gleichen Namens, genannt wird. Diese Reisebeschreibung zeichnet sich durch soviel Witz und Originalität aus, daß ich mich entschloß, daraus die meiner Meinung nach für deutsche Leser interessantesten Kapitel zu übersetzen. Eine Übersetzung ins Deutsche ist meines Wissens bisher nie erfolgt. Wie der Franzose Dumas sich während seiner Reise am Rhein über die Lebensweise der Deutschen und das Preußentum lustig macht, wird uns heute, hundertsechzig Jahre später, da der Rhein im geeinten Europa längst keine Grenze mehr darstellt, ebenso amüsieren.

Zur Reise von Dumas: Ziemlich unvermittelt bricht Alexandre Dumas im August 1838 zu einer Belgien- und Deutschlandreise auf. Vermutlich will er nach dem Tode seiner Mutter Abstand von Paris gewinnen und sich ablenken. Finanziert wird die Reise von zwei Pariser Zeitungen, denen er von unterwegs laufend Reiseberichte zukommen läßt. In diesen unterrichtet Dumas seine französische Leserschaft über Zustände im Ausland, verweist auf Sehenswürdigkeiten und klärt über geschichtliche Hintergründe auf. Aber er wäre nicht Alexandre Dumas, wenn er seine Leser nicht auch durch witzig dargestellte Episoden amüsieren wollte. 1841 erscheinen diese Reiseberichte unter dem Titel »Excursions sur les bords du Rhin« in Paris als Buch.

Zum Zeitpunkt der Reise ist Dumas in Frankreich wie im Ausland durch seine populären Theaterstücke bereits ein bekannter Mann. Er ist sechsunddreißig Jahre alt und reist mit seiner Geliebten und späteren Ehefrau Ida Ferrier, Schauspielerin und Hauptdarstellerin in vielen seiner Erfolgsstücke. In Frankfurt trifft er seinen Freund Gerard de Nerval, um die Reise zu dritt fortzusetzen.

Im Gegensatz zu Gerard de Nerval (1808–1855), einem der wenigen romantischen Dichter Frankreichs, ist Dumas keineswegs ein Träumer, der sich in der Schilderung schöner Rheinlandschaften ergeht. Für ihn gelten eher Tatbestände, wie geschichtliche Hintergründe und seine unmittelbaren Erfahrungen mit Land und Leuten. Natürlich ist auch er bemüht, Sagen und Legenden vom »romantischen deutschen Rhein« seinen französischen Lesern zu vermitteln, aber das vermag er nur auf seine unverwechselbare Art: Die Sagen erzählt er in der Art bühnenreifer Dramen, wobei die Lust am Waffengeklirr der Ritter schon auf seine großen Erfolge der 40er Jahre wie die »Drei Musketiere« und den »Grafen von Monte Christo« hinweist. Die Legenden schildert Dumas immer mit einem skeptischen Augenzwinkern: Alles Heilige ist ihm suspekt. Der Kirche sowie der Monarchie steht der überzeugte Republikaner distanziert gegenüber. Ebenso vermeidet er lange kunstgeschichtliche Erläuterungen. Sein Witz brilliert besonders da, wo er fremde Sitten und Gebräuche darstellt, natürlich stets zum Vorteil der Franzosen. Doch nicht nur die Deutschen werden in ihren Eß- und Schlafgewohnheiten aufs Korn genommen, sondern, da der Rhein im 19. Jahrhundert einen Treffpunkt für Touristen aller Länder bildet, auch die Engländer und die Holländer.

Die Etappen der Reise kann man aufgrund von Briefen an die Pariser Zeitungsverleger genau nachvollziehen. Ich habe sie dem Nachwort der französischen Ausgabe entnommen:

Dumas verläßt Paris am 8. August 1838 in Richtung Brüssel, wo er am Abend des 9. August eintrifft. Er besichtigt alle wichtigen Städte Belgiens, wird von König Leopold I. empfangen und wohnt einer großen Jubiläumsfeier in Mechelen bei.

Am 19. 8. trifft Dumas in Aachen ein und beschreibt neben eingehender Berücksichtigung der Gestalt Karls des Großen auf spöttische Weise den einträglichen Verdienst der Führer mit den »kleinen und den großen Reliquien«.

Am 20. 8. trifft er in Köln ein. Er widmet der Stadt vier Kapitel, drei davon behandeln eine wenig verbreitete Version der Domsage.

Am 22. 8. schifft sich Dumas mit seiner Begleiterin auf einem Rheindampfer ein.

Der erste Aufenthalt ist Bonn. Am 23. 8. geht's mit dem Schiff weiter in Richtung Koblenz.

Am 25. 8. wird Dumas vom preußischen Kronprinzen,

dem späteren König Friedrich Wilhelm IV., inkognito auf Burg Stolzenfels empfangen und verbringt dort die Nacht. Über diese Episode schweigt sich der Autor leider aus.

Am 26. 8. befährt er die romantische Rheinstrecke bis Mainz. Von dort gelangt er bei Nacht mit einer Kutsche nach Frankfurt. Vom 27. 8. bis 22. 9. hält sich Dumas in Frankfurt auf.

Am 22. 9. Weiterfahrt mit dem Dampfer von Mainz nach Mannheim.

Am 23. 9. abends Weiterfahrt mit der Kutsche nach Heidelberg.

Am 24. 9. Übernachtung in Karlsruhe, am 25. 9. Weiterfahrt nach Rastatt.

Am 26. 9. fährt er über den Schwarzwald nach Baden-Baden, wo er am 27. 9. eintrifft.

Am 28. 9. schließlich hält er sich in Straßburg auf und tritt am 29. 9. die Rückreise nach Paris an, wo er am 2. 10. 1838 ankommt.

Vor der Dampferfahrt, vermutlich in Köln, hat sich Dumas mit Reiseführern eingedeckt. Benutzt hat er:

1. Das »Neue Panorama des Rheins von Mainz bis Cöln« von F. W. Delkeskamp aus dem Jahr 1837 in der französischen Version. Solche Rheinpanoramen zeigen, in handlicher Leporellofaltung, den Flußlauf und seine Randgebiete in reliefartiger Darstellung aus der Vogelperspektive. Erstmals bei dem oben genannten Panorama wurden zusätzlich sehenswerte Bauwerke in eigenen Randbildern dargestellt. Außerdem enthalten sie Beihefte in Deutsch, Französisch oder Englisch mit Beschreibungen der am Fluß liegenden Orte.

2. Eine französische Ausgabe des »Handbuch für Reisende am Rhein« von Aloys Schreiber, vermutlich eine französische Übersetzung der vierten deutschen Auflage von 1831.
3. Ein oder mehrere Sagenbücher unbekannter Herkunft.

Aus dem Panorama-Beiheft wie auch aus dem Handbuch hat Dumas kräftig, oft wortwörtlich, abgeschrieben, was man anhand der Originale nachweisen kann.

Im Gegensatz zu Dumas sprach seine Reisegefährtin fließend deutsch. Auch Gerard de Nerval verstand deutsch. Er übersetzte mehrere deutsche Werke ins Französische (Faust!).

Victor Hugo unternimmt 1840 fast die gleiche Rheinreise, die in Briefform an einen fiktiven Freund in »Le Rhin« ihren Niederschlag findet. Im Gegensatz zu Dumas verfolgt Hugo mit seiner ausführlichen Beschreibung der Rheinlandschaft politische Ziele. Einige Beobachtungen über Land und Leute sind jedoch identisch mit denen von Dumas, nur längst nicht so humorvoll ausgemalt.

Die Reisebeschreibung von Dumas beginnt im nachfolgenden Text mit der Einschiffung in Köln. Die folgenden Kapitel, wobei das eine oder andere ausgelassen oder nur kurz beschrieben wird, sind auf keinen Fall als Reiseführer aufzufassen. Es sind vielmehr Betrachtungen eines jungen, oft etwas respektlosen Franzosen, der sich zum ersten Mal in Deutschland aufhält. Das Kapitel »Baden-Baden« ist, wie Dumas betont, von Gerard de Nerval verfaßt. In seinem romantischen Stil hebt es sich deutlich von den vorausgehenden Kapiteln ab. Meiner Meinung nach stammt auch schon die Sage über Peter von Staufenberg im Kapitel zuvor aus der Feder Nervals. Dumas hat dazu keine Angaben gemacht. Dies aber hat Dumas öfter unterlassen, unterhielt er doch in Paris ein sogenanntes Schreiblaboratorium, wo junge, unbekannte Autoren Texte verfaßten, die dann unter seinem Namen veröffentlicht wurden.

Die benutzte Ausgabe, die der Originalausgabe entspricht, enthält viele Schreib- oder Setzfehler bei der Wiedergabe der deutschen Eigennamen. Außerdem enthält sie eine Reihe sachlicher Fehler. Die Übersetzerin hat sich die Freiheit genommen, die falsch geschriebenen Orts- und Personennamen richtig wiederzugeben. Falsche Angaben im Text wurden durch Fußnoten kenntlich gemacht.

Die Abbildungen, größtenteils aus der ersten Hälfte des 19. Jahrhunderts, stammen aus den Beständen der Badischen Landesbibliothek Karlsruhe, für deren Unterstützung ich herzlich danke.

Danken möchte ich auch Herrn Professor Dr. Alfred Sattler, Köln, der mich auf die französische Ausgabe aufmerksam machte und meine Arbeit inhaltlich kritisch begleitet hat.

Karlsruhe, Dezember 1998 Hanne Holzhäuer

Der Rhein

Für uns Franzosen ist es schwer zu verstehen, welch tiefe Verehrung die Deutschen für den Rhein empfinden. Für sie stellt er eine Art Schutzgott dar, der in seinen Wassern, neben Karpfen und Lachsen, eine Vielzahl von Nymphen, Nixen, guten wie bösen Geistern birgt. Diese durchkämmen, nach der poetischen Vorstellung der Anwohner, bei Tag den Dunstschleier seiner blauen Wellen, bei Nacht sitzen sie am Ufer oder irren an diesem entlang. Der Rhein ist Sinnbild für alles. Er bedeutet Stärke, er bedeutet Unabhängigkeit, er bedeutet Freiheit. Der Rhein wird mit den Leidenschaften eines Menschen, besser noch, eines Gottes ausgestattet. Der Rhein liebt und haßt, er streichelt und schlägt, schützt und verflucht. Dem einen erscheinen seine Wasser als weiches Bett von Algen und Rosen, wo der alte Flußvater – wie ein heidnischer Gott mit Schilf bekrönt und auf die umgestülpte Urne gestützt – ihn zum Feiern erwartet. Dem anderen ist er ein bodenloser Schlund, in dem scheußlich aussehende Ungeheuer wohnen, vergleichbar dem Abgrund, der Schillers Taucher verschlang. Manch einem erscheint sein Wasser wie ein glatter Spiegel, auf dem man wie Christus gehen kann, vorausgesetzt man hat einen stärkeren Glauben als Petrus. Einem anderen erscheint sein Lauf stürmisch und aufgewühlt wie das Rote Meer, das den Pharao verschlang. Wie immer er auch betrachtet wird, ist er ein Gegenstand von Furcht oder von Hoffnung, Symbol des Hasses oder der Liebe, Ursprung von Leben und Tod – eine Quelle der Dichtkunst ist er für alle.

Vor allem zwischen Köln und Mainz sind die meisten Sagen entstanden. Tatsächlich bietet der Rhein in dem Abschnitt seines Laufes zwischen diesen beiden Städten die gegensätzlichsten Aspekte, von lieblich bis furchterregend. Einmal erscheint er als Beherrscher seiner Hügel, die respektvoll vor ihm zurückweichen – da dehnt er sich sorglos und faul aus wie ein See. Ein andermal wirkt er besiegt, zurückgedrängt und eingezwängt durch die Granitpanzer der Berge, an denen sich seine Wellen nutzlos brechen. Er windet sich, er rollt, er schlängelt sich wie eine Schlange im Kampf. In seiner absoluten Machtlosigkeit muß er doch weiterfließen und grollt noch im Fliehen. So kann man verstehen, daß die Fischer, je nachdem, ob sie an diesem oder jenem Ort seines Ufers wohnen, wo er ihre Boote entweder zärtlich schaukelt oder aber zerbricht, ihn als Schutzgott oder als bösen Geist ansehen, ihm wie einem Vater danken oder ihn wie einen Feind um Gnade anflehen.

Tatsächlich hat der Rhein seit der Erfindung des Dampfschiffes viel von seiner geheimnisvollen Ausstrahlung verloren. Diese Exemplare von gezähmten Ungeheuern bewegen sich wie antike Drachen, Feuer und Rauch speiend, vorwärts. Sie fürchten weder Strudel und Abgründe noch Unwetter. Sie fahren den Fluß schneller hinauf als ein gewöhnliches Schiff ihn hinabfährt. Mit ihrem heißen Atem und dem Schlagen ihrer eisernen Flossen haben sie allmählich die Karpfen, Lachse, Nymphen, Nixen und Geister verjagt. Will man heute einen gebackenen Fisch essen oder eine alte Volkssage hören, muß man sich den Fisch im Main oder im Neckar fischen und die Sage bei einer Generation suchen, die noch nie etwas von Fulton[1] gehört hat. Das ist in der Tat mühevoller. Aber das, was seltener geworden ist, ist dafür auch kostbarer. Was mich betrifft, so weiß ich nur: Solange ich den Rhein hinaufgefahren bin, habe ich nichts als frische Eier und Koteletts bekommen. Dafür hatte ich mehr Glück bei den Volkssagen und Legenden.

Abgesehen vom Fisch, der, wie gesagt, auf dem ganzen Rheinlauf zu diesem Zeitpunkt zu einem Mythos, einer Hieroglyphe, einer Schimäre wurde, sind die von den konkurrierenden Schiffahrtsgesellschaften getroffenen Maßnahmen perfekt. Die Neugierde der Reisenden wird aufs beste befriedigt. Hat man einmal seine Schiffspassage von Köln nach Mainz und sogar von Rotterdam nach Straßburg oder von Straßburg nach Rotterdam bezahlt, kann man sich sechs Tage oder sechs Monate Zeit nehmen, die Reise zu vollenden. An jedem Anlegepunkt kann man aus- oder zusteigen. Beim Verlassen des Schiffes heißt es »Gute Reise«, beim Zusteigen »Herzlich willkommen«. Die Fahrkarte ist ein Gutschein, der bei jedem Schiff, das der Gesellschaft gehört, Gültigkeit be-

---

[1] Robert Fulton gilt als Begründer der Dampfschiffahrt, da mit seinem Dampfer »Clermont« 1807 der erste planmäßige Dampfschiffsdienst der Welt zwischen New York und Albany gelang.

sitzt. Zu welcher Stunde man ihn auch vorzeigt, ist er soviel wert wie bares Geld.

Kaum war ich auf dem Rhein, als ich auch schon die Klugheit dieser Maßnahme begriff. Obwohl das Schiff flußaufwärts langsamer fährt, hat man doch nicht genügend Zeit, die Panoramen auf beiden Seiten des Flusses länger zu betrachten. Denn launenhaft und voller Windungen, wie der Rhein ist, versteckt er sogleich die Stadt, das Dorf oder die Burg, die man mit den Augen verfolgt, wieder hinter einer Krümmung. Während das Auge noch auf dieser Stadt, diesem Dorf oder dieser Burg verweilt, fährt das Schiff ständig weiter, und andere Städte, Dörfer, Burgen gleiten vorüber. So ist man meist ganz verloren inmitten all dieser Berge, Täler und Ruinen. Den Reiseführer in der Hand, versucht man sich an einige Namen zu klammern. Doch dann stellt man mit Bedauern fest, daß man sich vieles gerne genauer angeschaut hätte, was bereits in einem verwirrenden und undeutlichen Gesamtbild wieder hinter einem liegt. Noch ungeschickt in der richtigen Handhabung, fand ich gerade noch die Zeit, mir bei den zehn Meilen, die Köln von Bonn trennen, **Brühl** in mein Notizbuch zu notieren. Sein altes römisches Kastell ist unter Landhäusern reicher Kölner Besitzer verschwunden, auch unter dem Palais Augustenburg, das 1725 vom Kurfürsten Clemens August begonnen und vom Kurfürsten Maximilian Friedrich vollendet wurde. **Rodenkirchen** schiebt seine alte Burg[2]

[2] Im Anhang an das Delkeskamp-Panorama ist von einer Windmühle die Rede, die auch »alte Burg«, nach aufgefundenen Resten eines Römerkastells, genannt wurde.

wie einen Wachposten vor all diese Ruinen, die später noch eine nach der anderen wie Gespenster aus vergangener Zeit erscheinen werden. **Langel** lag einst am Rhein. Seitdem die Insel Langelerwerth mit dem Ufer verbunden ist, befindet es sich ungefähr eine viertel Meile von ihm entfernt. **Bergheims** und **Mondorfs** Einwohner sind Fischer und Korbmacher. Die **Sieg** ist ein tosender Bach, der ständig sein Bett verändert. Hier sollen sich die aus dem Rhein vertriebenen Lachse hingeflüchtet haben. Die Gastfreundschaft, die ihnen dort gewährt wurde, hat den Tieren so gutgetan, daß einige von ihnen ein Gewicht von fünfzig bis sechzig Pfund erreichen. Durch **Beuel** verlief einst die Römerstraße von Köln nach Trier[3]. Die Mineralwasserquelle von **Roisdorf** schätzt man noch mehr als die von Godesberg, da ihr Wasser aufgrund der weniger flüchtigen Kohlensäure besser zum Transport geeignet ist.

Einer der ältesten Rheindampfer (um 1830)

---

[3] Hier irrt Dumas, Beuel liegt rechtsrheinisch. Von dort konnte unmöglich eine Römerstraße nach Trier führen. Nach Aloys Schreiber führte die Römerstraße durch Brühl, vielleicht hat Dumas das verwechselt.

Bonn

Endlich erreichten wir die Universitätsstadt Bonn, umgeben von Gärten, die sich bis ans Rheinufer erstrecken, und überragt vom hohen Turm des Münsters mit seinen vier Ecktürmen. Gemäß unserem Reiseplan, den wir uns zuvor gemacht hatten, stiegen wir in Bonn aus. Wir wollten uns dort umschauen, übernachten und am nächsten Morgen unsere Reise auf dem Landweg bis zum Drachenfels fortsetzen.

Blick vom Beueler Ufer auf Bonn

In Bonn haben wir das erste Musterexemplar eines deutschen Studenten erblickt, mit seiner übergroßen Pfeife, dem engen Gehrock mit Umschlagekragen und der klitzekleinen Mütze. Wie stark der Wind auch weht, die Mütze bleibt, dank der Geschicklichkeit, mit der der »Studiosus« seinen Hals reckt, immer, wie von einem Nagel fixiert, auf dem höchsten Punkt des Kopfes kleben. Nicht ohne eine gewisse Neugierde hatte ich schon auf sein Erscheinen gewartet. Einst stellten die Universitäten in Deutschland eine Macht dar.

Nun will ich erzählen, wie es zu dieser mächtigen Stellung kam.

Jeder hat schon von den Illuminaten und den Freimaurern gehört, die in Frankreich gegen Ende des 18. Jahrhunderts ihre Blüte erlebten. Diese Vereinigungen, die die deutsche Philosophiererei wieder schätzten, fanden auch jenseits des Rheins Aufnahme. Einer ihrer Hauptgedanken war, unter dem Decknamen der Freimaurerei zum Nutzen der Völker die mittelalterliche Feme, einst dem Kaisertum nützlich, wieder aufleben zu lassen. Dieser geheimgehaltene Anspruch, den man nur den Eingeweihten offenbarte, hieß nun: Freiheit für alle, allgemeine Verbrüderung.

Dann kam das Jahr 1789. Mit dem Sturm auf die Bastille kündigte sich in der ganzen Welt die Revolution an. Sie wurde von den Geheimbünden begeistert aufgenommen. Vielleicht trugen diese Gesinnungsgenossen im geheimen mehr zu den ersten Erfolgen unserer Armeen bei, als man wahrhaben will.

Bald schon erschien Bonaparte: Er hat diese Vereinigungen nicht nur kennengelernt, sondern soll ihnen sogar selbst angehört haben. Als er dann aber seinen Generalsmantel gegen den Kaisermantel eintauschte, betrachteten alle diese verschiedenen Vereinigungen – gleich welcher Religion und Nationalität –, die von der Freiheit für alle geträumt hatten, ihn als Verräter. In Frankreich wie im Ausland erhoben sie sich gegen ihn. Weil sie damit aber wiederum dem Adel im Kampf gegen seinen Erzfeind halfen, wurden sie geduldet und sogar noch von ihm unterstützt. Prinz Louis von Preußen[4] nahm den Titel eines Groß-Meisters in einer

[4] Prinz Louis Ferdinand v. Preußen (1772–1806), Neffe Friedrichs des Großen, entschiedener Gegner Napoleons, trat für Preußens Unabhängigkeit ein.

dieser Freimaurer-Logen an. Der Attentatsversuch von Staps[5] war einer der Donnerschläge in diesem Sturm.

Aber schon am übernächsten Tag nach diesem versuchten Attentat kam der Friede von Wien. Das Kaisertum, dieser alte germanische Riese, wurde auf Machtbefugnisse zweiter Ordnung beschränkt. Die französische Polizei breitete sich von der Küste der Bretagne bis zum Schwarzen Meer aus. Die Burschenschaften aber, die seit fünfzehn Jahren öffentlich aufgetreten waren, überwacht von dem Adler, der zu dieser Zeit über ganz Europa schwebte, waren gezwungen, sich wieder in den Untergrund zurückzuziehen.

Die Niederlagen der französischen Armee in Rußland ermutigten die Burschenschaften erneut. Denn offensichtlich war auch der Himmel ein Verbündeter, und der Herrgott selbst fing an, Partei gegen Frankreich zu ergreifen. Abgesandte der Burschenschaften, die sich acht Jahre lang versteckt gehalten hatten, zeigten sich nun wieder. Zunächst schüchtern und mit leiser Stimme, sprachen sie dennoch von Freiheit. Vor allem von den Studenten wurden sie mit Begeisterung aufgenommen. Mehrere Universitäten schlossen sich ihnen fast ganz an. Unten den Kommilitonen und Professoren wurden ihre Anführer ausgewählt. Der Dichter Körner, der am 18. Oktober in Leipzig getötet wurde[6], wurde zum »Tyrtäus«[7] dieser Kampagne.

---

[5] Friedrich Staps (1792–1809) versuchte Napoleon anläßlich einer Parade in Wien 1809 zu ermorden, da dieser »sein Vaterland ins Unglück stürze«. Napoleon fürchtete ein Komplott der Illuminaten und drängte auf den Frieden von Schönbrunn am 14. 10. 1809.

[6] Theodor Körner fiel nicht am 18. 10. 1813 in der Völkerschlacht bei Leipzig, sondern am 26. 8. 1813 im Gefecht bei Rosenberg.

[7] griechischer Lyriker, 7. Jh. v. Chr., verhalf durch seine Lieder den Spartanern zum Sieg.

Waterloo sollte am 18. Juni 1815 das düstere Gegenstück zu Leipzig werden. Das hatte zum zweiten Mal zur Folge, daß die preußische Armee, die sich beinahe ganz aus Freiwilligen rekrutierte, in die französische Hauptstadt einmarschierte. Der Triumph des Auslandes war vollkommen. Aber jetzt begann der Kampf im Inneren.

Tatsächlich ereignete sich in Deutschland, nachdem die neue deutsche Verfassung bekannt geworden war, eine heftige Reaktion auf die Verträge von 1815. Alle diese jungen Menschen, die sich, angespornt vom Adel, im Namen der Freiheit erhoben hatten, wurden gewahr, daß sie ihr Blut nur zum Gewinn der Heiligen Allianz vergossen hatten. Alles was sie durch den Sturz des Riesen gewonnen hatten, war, nun von Zwergen regiert zu werden. Dennoch gaben sie sich nicht geschlagen. Vertrauensvoll, wie man es in dieser frühen Lebensphase noch ist, forderten sie die Einlösung der gegebenen Versprechen. Die gemeinsame Politik von Metternich und Talleyrand unterdrückte jedoch schon erste formulierte Forderungen. Die Studenten waren gezwungen, mit ihrer Unzufriedenheit und ihren Hoffnungen in den Universitäten Schutz zu suchen, die zu republikanischen Oasen wurden. Denn diese konnten aufgrund ihrer besonderen Verfassung und Organisation den Spitzeln der Heiligen Allianz entkommen. Trotz der Einschränkungen blieben die Burschenschaften auch weiterhin bestehen. In Verbindung untereinander blieben sie durch die Hilfe wandernder Studenten. Diese durchquerten, unter dem Vorwand, Pflanzen zu sammeln, ganz Deutschland, waren aber Träger von mündlichen Botschaften, die, wie bei den alten Propheten, hoch von den Bergen widerzuhallen schienen. Sand war das Produkt dieser zweiten Widerstandsbewegung, so wie Staps das der ersten gewesen war. Nur irrte er sich und tötete, wie schon Mucius Scaevola[8], statt einen König einen Sklaven.

Durch das erfolgreich ausgeführte doch wenig durchdachte Attentat an Kotzebue hatten sich die Universitäten selbst ans Messer geliefert. Unmittelbar danach begann ihr Kampf mit den Regierungen, in dem sie unterliegen sollten. Jede Geheimmacht ist verloren, sobald man sie aufdeckt. Sie war ja nur geheim, weil sie unterdrückt war.

Obwohl der deutsche Student politisch machtlos geworden ist, hat er doch sein unbekümmertes und abenteuerlustiges Wesen behalten. Denn es gilt nach wie vor nicht als unwürdig, ein Studium zu absolvieren. Vertrauensvoll wie der Vogel des Himmels, dem der liebe Gott Nahrung versprochen hat, nimmt er, ohne einen Sou in der Tasche, seine Wanderschaft durch Deutschland auf, die Pfeife in der Hand, den Tabakbeutel an der Seite und seinen Körner in der Tasche. Er geht zu Fuß, so weit der Weg auch sein mag: Sonne und Schatten gehören ja allen. Für das übrige wird schon der Philister[9] sorgen. Kommt ein Wagen mit Einheimischen oder Ausländern vorbei, nimmt der Student seine Pfeife aus dem Mund, zieht die kleine Mütze von seinem Haupt, nähert sich dem Reisenden und lädt ihn fröhlich ein, ihm bei der Bewältigung seines Weges zu helfen. Selten verweigert ein Deutscher einem vorbeiziehenden Studenten seine Hilfe. Denn auf einer anderen Straße Germaniens zieht vielleicht auch sein Sohn vorüber oder verfaßt gerade in diesem Augenblick eine Bittschrift an die hilfreiche Börse des Vaters. Auch der Herbergsvater ist wohlwollend. Es interessiert

---

[8] Furchtloser römischer Plebejer, dessen Attentat auf Etruskerkönig Porsenna mißlang.

[9] Stud. Ausdruck für alle Nicht-Studenten.

ihn nicht, welchen Grad in der Universitätshierarchie der wandernde Studiosus einnimmt, ob er Fink, Fuchs oder altes Haus[10] ist. Für ihn ist er die Schwalbe, die in jedem Frühjahr wiederkehrt und der er eine Bleibe unter seinem Dach gewähren muß. Und was die Ernährung anbelangt, so versteht man sich immer unter Landsleuten. Im übrigen bekommen ja doch die Franzosen und die Engländer die Kosten aufgebrummt. Ohne nachzufragen, ob er zahlen kann oder nicht, stellt man dem Studenten direkt bei der Ankunft immer ein Glas Rheinwein oder eine Flasche Bier hin, falls er die lieber möchte, und fragt sogar noch, aus welchem Land er die bevorzugt. Aus den angebotenen Mittagessen kann er sich eins aussuchen. Sollte das Haus einmal belegt sein, bekommt er ein frisches Strohlager, was manchmal angenehmer ist als das beste mit Wolle oder Hobelspänen gefüllte Bett des ganzen Gast-

Marktplatz in Bonn. Im Vordergrund Student mit langer Pfeife

[10] »Fink« ist ein nichtkorporierter Student, »Fuchs« ist ein Student in den ersten beiden Semestern, »Altes Haus« ein Student im letzten Semester.

hofs. Bei Tagesanbruch steht der Student gut gelaunt auf, trinkt ein zweites Glas Rheinwein, zündet seine ewige Pfeife an und macht sich wieder auf den Weg. Hat er dann die Schlachtfelder von Jena, Ulm und Leipzig gesehen, kehrt er mit dem Grad eines bemoosten Hauses wieder an seine Universität zurück, trinkt noch einige tausend Schoppen Bier, raucht noch einige tausend Pfeifen, schlägt sich noch einige zwanzigmal. Dann kehrt er zu seiner Familie zurück, wo er immer noch trinkt, immer noch raucht, sich aber nicht mehr schlägt.

Wir stiegen im Hotel »Zum Sternen« am Marktplatz ab[11], das von Simrock, dem Bruder des Dichters[12], geführt wird. Gerade setzte man sich zum Ein-Uhr-Mittagessen, »kleines Mittagessen« genannt. Obwohl man in Deutschland eigentlich von früh bis spät ißt, meinte man, den Mahlzeiten zwischen den kurzen Pausen Namen geben zu müssen. So nimmt man des Morgens um sieben Uhr, wenn man gerade erwacht ist, den Kaffee ein. Um elf Uhr gibt es ein zweites Frühstück. Um ein Uhr kommt das kleine Mittagessen. Um drei Uhr nachmittags ißt man richtig zu Mittag. Um fünf Uhr folgt der Nachmittagskaffee mit Kuchen. Um neun Uhr abends endlich, wenn man aus dem Theater kommt, speist man zu Abend, und unmittelbar danach geht man zu Bett. Bei dieser Aufzählung sind keineswegs der Tee, die Kuchen und die Sandwiches inbegriffen, die man in den Zwischenzeiten zu sich nimmt.

Im Normalfall erfreue ich mich eines ziemlich guten Appetits. Bin ich auf Reisen, so steigern sich meine dies-

11 Dumas stieg nicht im Stern, sondern im Trierischen Hof ab, der ebenfalls am Bonner Marktplatz lag und dessen Besitzer Anton Simrock war.

12 Karl Joseph Simrock, Bonn 1802–1874.

bezüglichen Fähigkeiten noch um fünfundzwanzig bis dreißig Prozent. Aber seit meiner Ankunft in Aachen ging es mir in dieser Hinsicht schlecht. Wie jeder Franzose, der aus dem alten Frankreich kommt, setzt sich die Grundnahrung, die ich bei jeder Mahlzeit aufnehme, zur Hälfte aus Brot, zu einem Viertel aus Fleisch und zu einem weiteren Viertel aus Süßspeisen und Desserts zusammen. Aber seit Aachen hatte man mir statt Brot Napfkuchen gereicht. Nun ist Napfkuchen ja für sich betrachtet eine ausgezeichnete Sache. Meiner Meinung nach kann er aber nur seinen ganzen Geschmack entfalten, wenn er zum richtigen Zeitpunkt serviert wird. Als der Wirt das erste Mal diesen, wie mir schien, Anachronismus beging, legte ich mein *brioche* zur Seite, um es hernach zum Milchkaffee zu essen. Ich hatte dann um echtes Brot gebeten. Der Kellner setzte ein ahnungsvolles Lächeln auf und erwiderte mir in ausgezeichnetem Französisch: »Ich weiß, was der Herr wünschen«, und brachte mir Kuchen mit Anisgeschmack. Ich biß in meinen Kuchen. Als Kuchen konnte ich nichts gegen ihn sagen, aber als Brot ließ er soviel vermissen, daß ich ihn auf einem zweiten Teller ablegte, um ihn später als Pudding wiederzuentdecken. Erneut rief ich den Kellner, der, wie alle deutschen Kellner, mit äußerst freundlicher Miene wieder erschien. Nun bediente ich mich nicht mehr meiner angeborenen Mundart sondern brachte wagemutig in bestem Sächsisch das Wort »brod« hervor.

»Ah, ich verstehe«, entgegnete der Kellner voller Freude, daß er endlich mein Anliegen richtig gedeutet hatte, »der Herr wünschen ›poumpernick‹[13]«, und ohne

[13] Dumas verwechselt hier Pumpernickel, dessen Wortlaut er noch ungefähr im Ohr hat, mit Schnitzbrot, einer Spezialität hauptsächlich aus Süddeutschland.

meine Antwort abzuwarten, stürzte er aus dem Zimmer.

Ich hatte auch keinen Versuch unternommen, ihn zurückzuhalten. Erstens, weil die beiden Proben, die ich vor Augen hatte, mir in keiner Weise geeignet erschienen, das Brot zu ersetzen. Zweitens, weil ich gar nicht einmal ärgerlich darüber war, das Tier zu Gesicht zu bekommen, das mit dem großartigen Namen »poumpernick« bezeichnet wurde.

Nach fünf Minuten kam der Kellner mit einem dieser hübschen runden Brote zurück, die man in unseren Bauernhöfen »une miche« nennt[14].

»Ah«, sagte ich sehr zufrieden.

»Ah«, sprach der Kellner noch zufriedener als ich.

»Nennt man das hier poumpernick?« fragte ich und nahm ihm das runde Brot aus der Hand.

»Ob das echtes poumpernick ist? Es gibt hier nur einen einzigen Konditor, der es gut herstellt.«

»Wie, wird hier das Brot von Konditoren gebacken?«

»Aber das, was ich Ihnen gebe, ist doch kein Brot.«

»Ja, was ist es denn dann?«

»Poumpernick ist es.«

»Der Name tut nichts zur Sache.«

»Der Herr haben natürlich recht, der Name tut nichts zur Sache. Doch davon abgesehen schmeckt das poumpernick sehr gut.«

»Wir werden ja sehen.«

Bei diesen Worten versuchte ich diese Art »miche«, die ich in der Hand hielt, in zwei Hälften zu zerschneiden. Aber ich spürte einen Widerstand, den ich nicht erwartet hatte.

»Ah«, sagte mir der Kellner, »poumpernick schneidet

[14] *Une miche* ist ein kleines helles Rundbrot.

man nicht, man bricht es, es sei denn, man besitzt Spezialmesser, die so scharf sind wie Rasierklingen.«

»Wieso! Messer, so scharf wie Rasierklingen, um Brot zu schneiden?«

»Ich hatte bereits die Ehre dem Herrn erklären zu dürfen, daß es sich nicht um Brot handelt.«

»Aber was ist es denn dann?« fragte ich ungeduldig, indem ich unwillkürlich meinen Daumen in die Kruste drückte.

»Mein Herr, das sind gedörrte Birnenschnitze, das sind Korinthen, das sind Feigen und dazu alle Arten von guten Dingen.«

Ich brach mein poumpernick. Tatsächlich sah ich da eine Zusammenstellung von getrockneten Früchten herauskommen. Die äußere Kruste war eine luftige Umhüllung wie bei einem Krapfen, das Innere enthielt gerade soviel Krume wie nötig war, um dieses schwammähnliche Gebilde aus verschiedenen Früchten zusammenzuhalten

Mir blieb nichts anderes übrig, als auf meinen Kuchen zurückzugreifen. Seit Aachen ging es mir wie den Untertanen von ich weiß nicht welcher Königin[15] – aus Mangel an Brot aß ich Napfkuchen.

Wenn es auch seit Aachen kein Brot mehr gab, so gab es zum Ausgleich seither auch keine Polizisten mehr. Der Paß war zum unnötigen Luxusartikel geworden. Bei unserer Ankunft im Hotel legte uns der Kellner lediglich eine Liste vor. Wir unterzeichneten mit unseren Namen, und alles war erledigt.

Seit Köln hatte der kulinarische Mißstand sich nicht allein aufs Brot beschränkt. Er hatte auch aufs Fleisch übergegriffen. Solange man mir noch meinen Napfku-

---

[15] Hier spielt Dumas auf Marie Antoinette an, die gesagt haben soll: »Ja, wenn das Volk kein Brot hat, dann soll es eben *brioche* essen.«

chen und mein Ochsenfleisch getrennt servierte, machte ich es so wie die Leute, die ihr Wasser aus dem einen Glas und ihren Wein aus dem anderen trinken. Solange man die Dinge nicht miteinander vermischte, ging es ja noch. Eine neue Prüfung stand mir in Bonn bevor. Das kleine Mittagessen setzte sich aus einer Suppe mit Klößchen, einem Stück Ochsenfleisch mit Pflaumen, einem Hasen mit Kompott und einem Wildschweinschinken mit Kirschen zusammen. Es ist unmöglich, sich mehr Mühe zu geben, um Nahrungsmittel, die getrennt äußerst schätzenswert sind, durch die Mischung geschmacklich zu verderben.

Ich kostete lediglich von diesen verschiedenen Gerichten. Als die Reihe an den Hasen kam, konnte der Kellner nicht mehr an sich halten.

»Mag der Herr«, fragte er, »etwa den Hasen mit Kompott nicht?«

»Ich finde so etwas unausstehlich.«

»Das ist verwunderlich bei einem großen Dichter, wie es der Herr sind.«

»Ja, da verwechseln Sie etwas, mein lieber Freund. Ich schreibe, um meinen Verzehr im Gasthaus zu bestreiten, das ist wahr, aber das ist kein Grund, mich einen großen Dichter zu nennen und mir den Magen mit euren Frikassees zu verderben: Im übrigen, auch wenn ich ein großer Dichter wäre, was, in aller Welt, hat denn die Dichtkunst mit einem Hasen mit Kompott zu tun?«

»Unser großer Schiller schwärmte für Hase mit Kompott.«

»Also, ich teile nicht den Geschmack von Schiller. Servieren Sie mir etwas von Wilhelm Tell oder von Wallenstein, aber tragen Sie das ab.«

Der Kellner trug den Hasen weg. Währenddessen probierte ich das Wildschwein mit Kirschen. Kaum war der Kellner zurück, reichte ich ihm erneut meinen vollen Teller. Sein Erstaunen verdoppelte sich.

»Wie«, sagte er zu mir, »der Herr lieben auch Wildschwein mit Kirschen nicht?«

»Nein.«

»Aber der Herr Goethe liebte ganz besonders Wildschwein mit Kirschen.«

»Das wußte ich nicht. Leider habe ich das Pech, auch nicht den gleichen Geschmack wie der Autor des Faust zu besitzen. Lassen Sie mir ein Omelett machen.«

Geduldig wartete ich. Nach einigen Minuten kam der Kellner mit dem bestellten Omelett zurück. Obwohl ich noch Hunger hatte, legte ich den ersten Bissen wieder auf meinen Teller zurück.

»Was, zum Teufel, haben Sie denn in das Omelett getan? Ein Omelett, mein Lieber, macht man mit Butter, Eiern, Salz und Pfeffer.«

»Richtig, mein Herr, es ist mit Butter, Eiern, Salz und Pfeffer zubereitet.«

»Und mit was noch?«

»Mit ein bißchen Mehl.«

»Und mit was noch?«

»Mit etwas Käse.«

»Erzählen Sie weiter.«

»Mit Safran?«

»Gut.«

»Mit etwas Muskat, Nelke und Thymian!«

»Gut, gut, gut. Tragen Sie nun das Omelett fort und versuchen Sie, mir einen Fremdenführer ganz ohne alle Zutaten zu besorgen.«

Beim Herausgehen traf der Kellner an der Tür den Hotelinhaber, mit dem er einige Worte wechselte. Herr Simrock kam auf mich zu.

»Der Herr sind nicht zufrieden mit dem Essen?« fragte er leichthin, aber formvollendet.

Durch das gute Benehmen meines Wirts ziemlich verlegen, erwiderte ich: »Mir schmecken eben die Dinge nicht, die man mir serviert hat, das ist alles.«

»Wenn der Herr die Güte gehabt hätten, im voraus zu sagen, daß er auf französisch zu speisen wünsche, hätte es dieses Mißfallen nicht gegeben.«

»Wie«, rief ich aus, »es wäre möglich, Bouillon ohne Klößchen, Ochsen ohne Pflaumen, Hasen ohne Kompott und Wildschwein ohne Kirschen zu bekommen?«

»Der Herr hätten es nur zu sagen brauchen.«

»Und... auch Brot?«

»Aber selbstverständlich Brot. Ich lasse extra welches backen, für die, die es wünschen.«

»Ah, mein lieber Herr Simrock, Sie retten mir das Leben. Und wann könnte ich das haben?«

»Beim zweiten Mittagessen.«

»Und wann findet das zweite Mittagessen statt?«

»In zwei Stunden. In der Zwischenzeit, und um den Geschmack unserer deutschen Greueltaten vergessen zu lassen, werden der Herr ein Glas Rheinwein annehmen, das ich die Ehre habe, ihm anzubieten: Es ist Johannisberger.«

In diesem Augenblick kam der Kellner mit einem Tablett zurück, auf dem zwei Gläser und eine Flasche mit langem Hals standen. Herr Simrock nahm eins der beiden Gläser vom Tablett weg, füllte das andere und bot es mir an.

»Und Sie?« fragte ich.

»Das wäre«, entgegnete Herr Simrock, indem er sich verbeugte, »eine große Ehre für mich.«

»Wissen Sie denn, Herr Simrock«, sagte ich ihm beim Anstoßen, »daß Sie die Manieren eines großen Herrn haben, wodurch Sie Ihre Gäste sicher oft verlegen machen.«

»Eigentlich, mein Herr, halte ich mich selten irgendwo anders als in meinem Zimmer auf, zwischen meinen Rechnungsbüchern und meinen Gedichtbänden. Ich habe eine schöne Bibliothek, ein gut besuchtes Hotel. Ich bin glücklich, vor allem wenn...«

»Ah, keine Komplimente, Herr Simrock, ich bitte Sie. Nur gestatten Sie, daß der Kellner mir einen Fremdenführer besorgt.«

»Das ist nicht nötig, man spannt die Pferde bereits vor den Wagen.«

»Wieso, die Pferde vor den Wagen?«

»Ja, wenn der Herr es erlauben, wäre es mir eine Ehre, ihn selbst zu führen. Es gibt hier nicht viel zu sehen. Aber das Wenige, was wir haben, ihm vorführen zu dürfen, würde mich glücklich und stolz machen.«

Einem auf solche Art vorgebrachten Angebot konnte man unmöglich widerstehen. Da meldete man auch schon, die Pferde seien angeschirrt, und wir stiegen in den Wagen.

Herr Simrock hatte recht: Bonn hat kaum bemerkenswerte Sehenswürdigkeiten. Hat man sein Münster besucht, das in byzantinischem Stil auf den Fundamenten einer von der Kaiserin Helena zu Anfang des 4. Jahrhunderts gegründeten Kirche erbaut ist, dann noch das Kasino[16], in dem damals die Entwürfe zum Beethoven-Denkmal ausgestellt waren, und schließlich noch den Hofgarten mit seiner herrlichen zum Rhein hin offenen Terrasse, dann hat man schon fast alles gesehen. Die Zeit unseres Ausflugs stimmte auf wunderbare Weise mit meinem Appetit überein. Als wir genau um drei Uhr zurückkamen, brauchte ich mich nur an den Tisch zu set-

---

[16] Die »Lese«.

zen. Das Mittagessen war vollkommen. Zum erstenmal nach Lüttich konnte ich wieder auf richtige Art speisen. Nach der Mahlzeit schlug Herr Simrock mir vor, mit ihm noch zwei weitere Ausflüge zu unternehmen, einen auf die andere Flußseite zum alten Kloster Schwarz-Rheindorf, und den anderen, auf gleicher Seite wie die Stadt, zum Kreuzberg. Wie man sich denken kann, nahm ich ohne Zögern an. Wir nahmen ein kleines Boot und setzten über den Rhein.

Schwarz-Rheindorf ist eine alte, sehr bemerkenswerte Abteikirche mit zwei Gewölben übereinander. Das obere Gewölbe gehört zur eigentlichen Kirche. Das untere ist als Grabgewölbe dem Kurfürsten Arnold II. geweiht, dem Stifter der Kirche, sowie den Nonnen des benachbarten Klosters, welches später zum adeligen Damenstift wurde. Unter diesen Gräbern befindet sich das der hl. Adelheid von Geldern.[17]

Vilich und Schwarzrheindorf

---

[17] Adelheid von Geldern war Äbtissin im benachbarten Kloster von Vilich. Dumas hat ihre Geschichte wahrscheinlich von Simrock erzählt bekommen.

Soviel ich weiß, war diese Adelheid von Geldern eine Schwester Ottos III. Man möge mir verzeihen, wenn ich mich da um eine Nummer vertan habe, denn ich schreibe aus dem Gedächtnis das auf, was man mir erzählt hat, und nicht nach gedruckten Archivunterlagen. Als fromme Oberin, die sie war, übte Adelheid ihre Nonnen in Gesang. Alle gaben ihr Bestes bis auf eine einzige, die hübscheste von allen, deren Stimme auf eine solche Weise versagte, daß sie die ganze Harmonie des Chores verdarb. Diese angeborene Untalentiertheit trieb die gute Äbtissin zur Verzweiflung. Einmal, als ihr die arme Nonne mit einem höllischen Fistelton schier das Trommelfell zerriß, wurde sie dermaßen wütend, daß sie sich nicht mehr beherrschen konnte. Sie verabreichte der Nonne eine so heftige Ohrfeige, daß diese in Krämpfen zu Boden fiel. Aber nachdem sie sich von ihren Krämpfen erholt hatte, konnte sie zu ihrer großen Überraschung singen wie eine Nachtigall.

Von da an bestand kein Zweifel mehr darüber, daß die an der Nonne bewirkte Gnade allein auf die Berührung der frommen Hand zurückzuführen sei. Diese Ohrfeige hatte nach dem Tod der Mutter Oberin Adelheid großen Anteil an deren Heiligsprechung.

Wir fuhren auf dem Rhein zum linken Rheinufer zurück. Dort erwartete uns der Wagen, der uns in einer dreiviertel Stunde zum **Kreuzberg** brachte. Das bemerkenswerteste an diesem Kloster ist ein Gewölbekeller, der sich hervorragend zur Konservierung von Leichen eignet. Ich, der ich das Leichenschauhaus des (großen) St. Bernhard sowie die Gewölbe der Kapuziner in Palermo kenne, fand diese dritte Präsentation weniger spektakulär als die beiden anderen. Nachdem wir uns einen Augenblick auf der Aussichtsplattform aufgehalten hatten, um den Ausblick zu genießen, der auf der einen Seite bis zum Siebengebirge, auf der anderen fast bis nach Köln reicht, fuhren wir wieder zur Stadt zurück.

Den Nachmittagskaffee hatte ich ausfallen lassen. Herr Simrock jedoch machte mich darauf aufmerksam, daß ich noch zu Abend speisen und nach dem Abendessen den Tee einnehmen könne. Das sei eine Vergütung für die Mahlzeit, die ich ausgelassen hätte. Leider hatte ich so gut zu Mittag gespeist, daß diese Angebote, so verlockend sie auch klangen, mich nicht in Versuchung führen konnten. Ich nahm mir aber vor, Herrn Simrock, dessen Freundlichkeit ich zu schätzen gelernt hatte, um etwas anderes zu bitten: Es war die Bitte nach einem Bett, worin ein Franzose schlafen könne.

Dies verlangt eine Erklärung: Zum Verständnis für Nicht-Franzosen sei betont, daß auch wir Franzosen im allgemeinen in einem Bett schlafen: Für gewöhnlich besteht dieses Bett aus einem Bettgestell von drei bis dreieinhalb Fuß Breite und fünf Fuß, acht Zoll bis sechs Fuß Länge. Auf dieses Bettgestell kommt ein *sommier*[18], ein Federbett, ein oder zwei Matratzen, ein Paar weiße Leintücher, eine Decke, eine Nackenrolle, ein Kopfkissen. Dann schlägt man die Leintücher und die Decke ein, und der, für den das Bett bestimmt ist, gleitet zwischen den beiden Leintüchern hinein. Sofern er nicht eine zu große Menge Kaffee oder grünen Tee getrunken hat, sofern er mit guter Gesundheit und einem reinen Gewissen ausgestattet ist, schläft er ein: Die Dauer des Schlafes hängt von seiner Veranlagung ab.

In einem solchen Bett kann bestimmt jedermann schlafen, sei es nun ein Deutscher, Spanier, Belgier, Russe, Italiener, Hindu oder Chinese. Es sei denn, er ist schlechten Willens.

---

[18] In Deutschland umschreibt man es mit Unterfederung: Es handelt sich dabei um einen Kasten von 20–30 cm Höhe, gefüllt mit Roßhaar und Stahlfedern. Heute legt man nur noch eine Taschenfederkernmatratze darauf.

In Deutschland kann jedoch keine Rede von solchen Betten sein.

Hier nun die Beschreibung, wie sich ein deutsches Bett zusammensetzt: zuerst aus einem Bettgestell von zwei bis zweieinhalb Fuß Breite und fünf bis fünfeinhalb Fuß Länge. Prokrustes[19] ist wohl in Deutschland herumgereist und hat dort seine Modelle hinterlassen.

Auf dieses Bettgestell breitet man eine Art Sack, gefüllt mit Hobelspänen. Der dient als Unterfederung (*sommier*). Den Sack mit Spänen bedeckt man mit einem gewaltigen Federbett. Auf dieses Federbett legt man einfach nur ein Leintuch, das kürzer und schmaler ist als das Federbett: Der Gastwirt bezeichnet dieses Wäschebruchstück zwar als Leintuch, aber der Gast erkennt in ihm kaum eine Serviette. Schließlich breitet man über dieses Leintuch oder diese Serviette, wie man das fragliche Wäschestück auch nennen will, eine Steppdecke, die noch durch ein zweites, weniger dickes Federbett aufgestockt wird. Zwei oder drei am Kopfende aufgeschichtete Kopfkissen vervollständigen diesen seltsamen Bettenaufbau.

Wenn nun in einem solchen Bett ein Franzose schläft, der bei den Deutschen ja in dem Rufe steht, zu einem lebhaften und aufbrausenden Volk zu gehören, wenn besagter Franzose ohne Vorsicht dort hineinkriecht, dann sind innerhalb von fünf Minuten die Kopfkissen auf der einen Seite heruntergefallen, hängt die Steppdecke an der anderen Seite herab, ist das Leintuch aufgerollt und unauffindbar geworden. Die Folge davon ist, daß obengenannter Franzose sich in seinem Federbett versunken befindet, die eine Seite seines Körpers in Schweiß gebadet, die andere zu Eis erstarrt. Er hat die Wahl

[19] Riese aus der griechischen Mythologie, der alle, die ihm in die Hände fielen, auf ein Bett zwang: Die zu Kurzen dehnte er, den zu Langen hieb er die Gliedmaßen ab. Vgl. Prokrustesbett.

Handelt es sich um einen Deutschen, der als Deutscher ja zu einem ruhigen und tugendhaften Volk gehört, so behält besagter Deutscher als erstes einmal seine Unterhose sowie seine Strümpfe an. Alsdann deckt er vorsichtig die Steppdecke auf, legt sich auf den Rücken, stützt sein Kreuz mit den drei Kopfkissen ab und winkelt die Beine so an, daß die Füße auf dem äußersten Rand des Bettgestells ruhen, in der Art eines liegenden Z. Die Steppdecke legt er auf seine Kniescheiben, schließt die Augen, schläft ein und wacht am nächsten Morgen auf, ohne seine Lage verändert zu haben.

Um dieses Ergebnis zu erzielen, muß man verständlicherweise so ruhig und tugendsam sein wie ein Deutscher.

Ich weiß wirklich nicht, welche dieser beiden Eigenschaften mir fehlte, nur eines weiß ich sicher: daß ich nicht mehr schlief, daß ich sichtlich abmagerte und daß ich hustete, als wollte mir die Brust zerspringen. Das war der Grund, warum ich um ein französisches Bett bat.

Herr Simrock hatte sechs Stück davon. Am liebsten wäre ich ihm um den Hals gefallen.

Man führte mich zu meinem neuen Zimmer. Mein Wirt hatte mir nicht zuviel versprochen. Das war ein richtiges Bett mit einer richtigen Unterfederung, den richtigen Matratzen, den richtigen Leintüchern, einer richtigen Decke und einer richtigen Nackenrolle.

Mit einem Gefühl der Zufriedenheit wollte ich mich gerade zu Bett begeben, als es an meiner Tür klopfte.

»Wer ist da«, fragte ich.

»Entschuldigen Sie, mein Herr, ich bin es«, antwortete der Kellner.

»Nun, was wollen Sie von mir?«

»Ich komme im Auftrag eines Engländers, der leider keine Gelegenheit hatte, den Herrn zu fragen, ob er ihm die Ehre gäbe, mit ihm ein Glas Rheinwein oder Champagner zu trinken.«

»Und wer ist dieser Engländer?«

»Ein Student.«

»Das ist natürlich etwas anderes, sagt ihm, ich käme herunter.«

Trotz meiner Lust, schlafen zu gehen, war ich nicht böse, als sich mir diese Gelegenheit bot, einen Studenten kennenzulernen. Ich folgte also fast unmittelbar dem Kellner. Aber den Schlüssel zu meinem Zimmer steckte ich in meine Tasche vor lauter Angst, es könne sich jemand bei unverschlossener Tür im Bett irren.

Beim Eintreten in den Speisesaal schaute ich mich nach allen Seiten um. Aber ich sah lediglich zwei Trinker. Der Jüngere schien mir zwischen fünfundvierzig und fünfzig Jahre alt zu sein. Der ältere der beiden Trinker erhob sich.

»Verzeihen Sie, mein Herr«, begann er in sehr gutem Französisch, wenn auch mit einem harten überseeischen Akzent, »die Person, die Sie suchen, die bin ich.«

Dann drehte er sich zu seinem Gefährten um: »Mylord, Herr Alexandre Dumas. – Monsieur Alexandre Dumas, Mylord S.«

Ich verbeugte mich.

»Verzeihung, mein Herr«, sagte ich meinerseits, »aber man hat mir von Ihnen als von einem Studenten gesprochen...«

»Nun, mein Herr, da hat man Ihnen die Wahrheit gesagt. Setzen Sie sich doch.« Ich nahm Platz. »Man studiert in jedem Alter.« Er schenkte mir ein Glas Johannisberger ein. »Ich zum Beispiel habe seit meinem sechsten Lebensjahr bis zum Alter von zwanzig Jahren an den Universitäten von Oxford und Cambridge studiert. Zwischen zwanzig und dreißig Jahren habe ich die Hunde, die Pferde, die Staatsmänner, die Frauen und das Glücksspiel studiert. Mit dreißig Jahren fing ich an zu reisen. Auf der Durchreise hörte ich in Heidelberg einen Professor, der mir in der Theologie sehr bewandert schien. Daraufhin beschloß ich, Theologie zu studieren. Ich wußte schon ziemlich viel in Theologie, als ich eines Tages den Rhein herunterfuhr und in Bonn haltmachte. Dort hörte ich Professor Keisel, den führenden Philosophen aller Universitäten Deutschlands. Er schien mir in einigen Glaubenspunkten von der Auffassung meines Theologen abzuweichen. Ich beschloß, die beiden Systeme in Einklang miteinander zu bringen und sie in einem einzigen System zusammenzufassen. Seitdem fahre ich den Rhein von Mannheim bis Bonn herauf und herunter. Dabei verbrauche ich seelenruhig meine 2000 Pfund Sterling Rente, mit denen ich in London nicht auskäme, hier aber ein reicher Mann bin. Mein Vorhaben war, rund um die Welt zu reisen, aber ich hatte eine glücklichere Hand als der Prophet Mohammed: Nicht ich bin zum Berg gegangen, er ist zu mir gekommen. Der Rhein ist für ganz Europa das, was die Galerie Perron[20] für Paris bedeutet: Jeder Ausländer kommt dort einmal vorbei. Hier fühle ich mich wie ein Jäger auf der Lauer: Ich erwarte das Wild. Als die Zeitungen Ihre Ankunft in Brüssel meldeten, war mir klar, daß auch Sie hier vorbeikämen. Und Sie sind vorbeigekommen! Sie sehen also, daß ich tatsächlich ein Student bin. Morgens studiere ich Theologie oder Philosophie, den Tag über studiere ich die Menschen, am Abend die Weine, und wenn es Gott gefällt, werde ich auf diese Weise bis ans Ende meines Lebens studieren. Was sagen Sie zu diesem Johannisberger? Das ist ein echter 1831er:

[20] Berühmte, mit Glas gedeckte Ladenpassage zwischen zwei Straßenzügen.

Herr Metternich könnte dem österreichischen Kaiser keinen besseren anbieten, hätte der Kaiser von Österreich je den Wunsch, auf seinem Schloß zu dinieren.«

»Er ist ausgezeichnet.«

Der Johannisberg

»Überraschenderweise habe ich Schüler. Nehmen Sie Mylord S. zum Beispiel (hier begrüßten wir uns erneut, Mylord S. und ich). Er fuhr den Rhein herunter und beabsichtigte lediglich, an Bonn vorbeizufahren. Man hatte ihm geschrieben, daß seine Frau schwer erkrankt sei – bitte, verzeihen Sie, wenn Mylord S. nicht an der Unterhaltung teilnimmt, er spricht nicht französisch. Er fuhr also an Bonn vorbei. Ich bat ihn, mir einen Toast zu gestatten, er war damit einverstanden. Wir begannen, darüber zu diskutieren, ob der Wein der Champagne dem Rheinwein überlegen sei oder umgekehrt. Probieren Sie diesen ›Ai‹, das ist rosa Schaumwein von 1828, aus der besten Lage von Moet. Nun, wir diskutieren immer noch. Inzwischen ist seine Frau gestorben. Das hat Mylord sehr geschmerzt. Aber wir haben in Mainz ein

Grabmal für die Verblichene bestellt. Ab und zu fahren wir hin, um es anzuschauen. Das tröstet ihn. Mylord sagt, daß, sobald das Grabmal fertiggestellt sein wird, er es nach England begleiten werde. Ich meine, er soll es einfach nach Rotterdam schicken, wo man es nach London einschiffen wird. Dann kann Mylord hierbleiben, um mit mir weiter über die verschiedenen Weinsorten zu diskutieren. Nicht wahr Mylord?«

Mylord nickte, hob sein Glas zum drittenmal. Sein Landsmann füllte es bis zum Rand mit rotem Wein, der perlte wie der Saint-Péray und klar war wie ein Rubin.

»Das ist ein Ingelheimer«, sagte der Engländer, »fast ein Landsmann von Ihnen. Probieren Sie ihn.«

»Dieser Name ist mir unter den französischen Gewächsen nicht bekannt«, erwiderte ich.

»Es stimmt aber. In Ingelheim stand einst eine Pfalz Karls des Großen. Der betagte Kaiser schätzte alles, was es an Gutem in Frankreich gab. So hatte er auch an einem sehr guten Wein von Orleans Geschmack gefunden. Er ließ sich von dort die Reben kommen, die er selbst setzte. Das, was Sie heute trinken, stammt von den Abkömmlingen jener Reben, die Karl der Große selbst eingepflanzt hat. Das ist der Lieblingswein von Mylord: Mit dem habe ich ihn hier festgenagelt.«

»Die Liebe zu seiner Frau scheint nicht besonders groß gewesen zu sein.«

»Im Gegenteil, er verehrte sie sehr. Sie können es selbst sehen. Ich werde ihn zum Weinen bringen.«

»Mylord«, sagte der Student, indem er sich an seinen Gefährten wandte.

»What do you want?« fragte dieser.

»Shall we not go presently and see how they are going on with the tomb of that dear lady?«

»Oh«, machte der Engländer, und zwei große Tränen

kullerten aus seinen Augen. Er wischte sie mit einer Hand weg, mit der anderen hob er sein Glas und sagte: *»Another glass of this capital Ingelheim.«*

»Ich habe mich um eine Flasche vertan«, erläuterte der Student und goß dem armen Witwer ein weiteres Glas Ingelheimer ein, »eine Flasche weiter, und er wäre in Schluchzer ausgebrochen. Das mißlingt nie.«

»Aber wissen Sie«, fragte ich meinen Amphitryon, »ob Mylord nicht andere Sprachen besser spricht als das Französische?«

»Mylord ist ein Denker. Wie der junge Hamlet unterhält er sich mit seinen eigenen Gedanken, nicht wahr Mylord? – *To be or not to be.*«

»Another glass of this capital Ingelheim«, wiederholte Mylord.

»Hat denn Ihr Schüler, selbst wenn sie alleine sind, nicht mehr an Unterhaltung zu bieten als diese?« fragte ich. »In dem Zustand, in dem er sich befindet, wird er nicht mehr lange Ihnen Gesellschaft leisten können.«

»Da irren Sie. Er wird so weitermachen bis zwischen drei und vier Uhr morgens.«

Ich sah auf die Uhr, sie schlug soeben Mitternacht.

»Ich bedaure, nicht genug englisch sprechen zu können, um Mylord in seiner Sprache meine Hochachtung ausdrücken zu können.«

»Mylord«, sprach der Student: *»This gentleman pays you his best compliments.«*

Mylord erhob sich halb und antwortete mit einer englischen Redensart.

»Was sagt Mylord?« fragte ich seinen Begleiter.

»Er sagt, wenn Sie jemals nach England kommen, steht er ganz zu Ihren Diensten.«

»Ah, da bin ich ihm sehr verbunden.«

»Und ich, mein Herr, ich sage, falls Sie jemals den

Rhein wiederum herunter oder herauf fahren, dann lassen Sie mir hoffentlich die gleiche Ehre wieder zuteil werden wie heute. Mich finden Sie immer zwischen Mannheim und Bonn.«

»Bitte glauben Sie mir, daß ich mir das nicht entgehen lassen werde.«

Wir grüßten uns ein letztes Mal. Ich stieg in mein Zimmer hoch. Die beiden Engländer hingegen tranken weiter.

Am nächsten Morgen weckte mich der Kellner um fünf Uhr. Ich trug ihm auf, mir die Rechnung zu bringen, während ich mich anzog. Er ging und kam kurz danach mit der verlangten Kostenaufstellung zurück.

Vergeblich suchte ich auf der Rechnung das Glas Johannisberger, das ich bei meiner Ankunft getrunken hatte, wie auch den Preis für den Wagen. Im übrigen war ich wie alle anderen behandelt worden: nämlich auf ganz ausgezeichnete Weise. Ich fragte den Kellner, ob er, wie ich es ihm aufgetragen hatte, irgendein Transportmittel für mich besorgt habe. Er erwiderte, Herr Simrock erwarte mich unten mit seinem Wagen. Er wolle mich bis nach Rüngsdorf fahren, das heißt bis zum Fuße des Siebengebirges.

Ich ging hinunter und erkundigte mich beim Kellner nach Neuigkeiten von seinen beiden Engländern.

»Sie sind immer noch da«, sagte er mir.

»Wie, immer noch da! Trinken sie immer noch?«

»O nein, jetzt schlafen sie.«

»Wie schlafen sie?«

»Sie schlafen, wo sie sich gerade befinden. Oh, die benötigen keine französischen Betten, die da!«

»Bei Gott, aus Neugierde würde ich mir das mal gerne anschauen.«

»Das ist einfach. Kommen Sie.«

Vorsichtig stieß ich die Tür auf. Mylord S. war von seinem Stuhl heruntergerutscht und lag ausgestreckt auf dem

Boden. Er hielt noch seinen Römer in der Hand. Der »Student« schlief mit dem Kopf auf dem Tisch. Seine rechte Hand umklammerte den Hals einer Champagnerflasche. Ich zählte die Toten, wie viele Johannisberger, Champagner, Ingelheimer: Es waren 14 leere Flaschen.

Ich achtete ihren Schlaf. Aber ich wollte bei zwei Engländern doch nicht den Eindruck hinterlassen, ein Franzose sei weniger höflich als sie. Also nahm ich zwei Visitenkarten und steckte eine in das Glas von Mylord, die andere in den Hals der Flasche seines Gefährten. Mein Besuch war gemacht.

Gleich darauf stieg ich in den Wagen, und wir fuhren ab.

Drachenfels

Nachdem wir Bonn verlassen hatten, bewegten wir uns auf einer reizvollen Straße vorwärts. Auf der linken Seite lag der Rhein, auf der rechten fuhren wir am Fuße einer Hügelkette entlang, die ganz übersät war von Dörfern, Burgen und Landhäusern. Linkerhand entdeckten wir am Straßenrand ein kleines Monument, das **Hochkreuz**. An diese kleine Kapelle[21] in reinster Gotik knüpft sich keine Legende. Sie ist nur Zeugnis der Frömmigkeit des Erzbischofs Walram von Jülich[22], mir als Persönlichkeit seit längerem bekannt, da er eine Rolle in dem Roman *Die Herzogin von Salisbury* spielt.

Das gotische Hochkreuz. Im Hintergrund Ruine Godesberg

---

[21] Es handelt sich nicht um eine Kapelle, sondern um eine Spitzsäule (Baedeker 1849) mit Kreuz.

[22] W. v. Jülich (1331–1349) ließ die Säule aus Steinen des Drachenfels erbauen.

Hier bietet sich zum ersten Mal die schöne Sicht auf die pittoreske Ruine von Godesberg. Beim Verlassen dieses Städtchens bogen wir links in einen kleinen Querweg ein, der uns in wenigen Minuten nach Rüngsdorf ans Rheinufer brachte. Dort lagen schon mehrere Boote auf der Lauer nach Reisenden. Man setzte uns in ein paar Minuten nach Königswinter über, einem hübschen Ort am anderen Ufer. Wir erkundigten uns, um wieviel Uhr das Dampfschiff vorbeikäme. Gegen Mittag, hieß es. So hatten wir noch eine Frist von fast fünf Stunden. Das war Zeit genug, die Ruinen des Drachenfels zu besichtigen.

Da wir nicht gerade wie Kletterer aussahen, wurden wir, kaum hatten wir einen Fuß an Land gesetzt, von einer wahren Flut von Eseln, Eselsführern und Eselsführerinnen bedrängt. Sie umringten uns, und jeder für sich fing an, die Qualität seiner Ausrüstung zu preisen. Eines dieser Edelrösser bestach uns durch den Kontrast seines wunderschönen Zaumzeugs und der Bescheidenheit seines Namens. Es hieß nämlich Hänschen – *Petit-Jean.* Sein Führer gab uns für Hänschen sein Ehrenwort, daß er sich nicht hinlegen und auch nicht zu nahe an den Abgründen vorbeigehen würde. Daher vertraute sich unsere Reisegefährtin ihm an.

Hänschen hielt Wort, und ich kann ihn den schönen weiblichen Reisenden aller Länder, die Wert darauf legen, nicht in irgendeine Schlucht gestürzt zu werden, guten Gewissens empfehlen.

Nach ungefähr einer dreiviertel Stunde Anstieg auf einem hübschen Pfad, der rund um den Berg verläuft, kamen wir auf dem ersten Gipfel an. Dort befinden sich eine Herberge und eine Pyramide[23]. Schnurstracks ging

---

[23] Es ist keine Pyramide, sondern ein Obelisk.

Königswinter mit dem Drachenfels und der Wolkenburg

Hänschen zur einen und ich zur anderen. Was das Hotel betrifft, so bin ich nun gezwungen, es zu erwähnen. Was die Pyramide angeht, so wurde diese zum Andenken an die Rheinüberquerung der Preußischen Armee errichtet.

Auf den vier Sockelseiten findet man folgende Inschriften:

Preis und Ehre dem Höchsten!
Freiheit und Friede dem Vaterland!
Und Verehrung den gefallenen Helden!
Den Helden der Landsturm des Siebengebirgs.

Offensichtlich ist der Vierzeiler des Siebengebirgs-Landsturms mehr von Patriotismus als von Einfallsreichtum geprägt. Bekanntlich ist der Landsturm die Zivilgarde Preußens, und es scheint so, als habe er sich selbst ein Denkmal setzen wollen.

Von dieser ersten Plattform führt ein gepflegter Sandweg, wie der eines englischen Gartens, in Serpentinen zum Gipfel des Drachenfels. Zunächst erreicht man einen viereckigen Turm, in den man nur hineingelangt, wenn man sich durch eine Mauerspalte quetscht. Der zweite Turm ist rund und ermöglicht, da er mit der Zeit vielfach auseinandergebrochen ist, einen leichteren Zugang. Dieser Turm befindet sich genau über dem Felsen des Drachens. Der Drachenfels verdankt seinen Namen einer alten Legende, die noch in die Zeit des abtrünnigen Julianus[24] zurückreicht. Auf halber Wegstrecke wird auf eine Höhle hingewiesen, in die sich ein riesiger Drache zurückgezogen hatte. Dessen Freßgewohnheiten waren genau geregelt. Vergaß man einmal, wie jeden Tag, ihm einen Gefangenen oder einen Verurteilten zu dem ihm vertrauten Platz zu bringen, dann kroch er in die Ebene hinab und verschlang die erstbeste Person, die ihm begegnete. Selbstverständlich war der Drache unverwundbar.

Es war, wie schon erwähnt, zu der Zeit, als der abtrünnige Julianus mit seinen Legionen am Rheinufer lagerte. Die römischen Soldaten fühlten sich natürlich ebensowenig dazu berufen, verschlungen zu werden, wie die Einwohner des Landes. Da war es für sie von Vorteil, daß sie mit einigen Volksstämmen der Umgebung im Krieg standen und dadurch das Ungeheuer ohne eigene Verluste ernähren konnten. Unter den Gefangenen befand sich eine Jungfrau, die so schön war, daß sich zwei Centurier um sie stritten. Keiner von beiden wollte sie dem anderen überlassen. Fast waren sie soweit, sich gegenseitig zu erdrosseln. Um sie wieder zu versöhnen, entschied ihr Befehlshaber, man solle dem Ungeheuer die Jungfrau anbieten. Dieser Schiedsspruch wurde ob seiner Weisheit sehr bewundert, von einigen sogar mit dem von Salomon verglichen. Nun bereitete man sich darauf vor, das Schauspiel zu genießen.

Am festgesetzten Tag wurde die Jungfrau, im weißen Kleid und mit einem Blumenkranz im Haar, zum Gipfel des

---

24 Flavius Claudius Julianus, 331–363 n. Chr., römischer Kaiser, Neffe Konstantins, gab die christliche Religion auf zugunsten eines Neoplatonismus.

Drachenfels geführt. Man fesselte sie an einen Baum wie Andromeda an ihren Felsen. Sie bat nur darum, man möge ihr die Hände frei lassen. Eine so kleine Gunst glaubte man ihr nicht verwehren zu dürfen. Das Ungeheuer führte, wie schon gesagt, ein sehr regelmäßiges Leben. Es speiste zu Mittag, wie man es heute in Deutschland noch tut, von zwei Uhr bis um halb drei. Genau zu dem Zeitpunkt als man es erwartete, kam es aus seiner Höhle heraus. Es stieg, halb kriechend, halb fliegend zu der Stelle hinauf, die ihm als Weideplatz bekannt war. An diesem Tag sah es noch wilder und gieriger aus als gewöhnlich. Am Tag zuvor hatte man ihm nämlich, sei es aus Zufall oder aus ausgeklügelter Grausamkeit, einen alten, ungepflegten Gefangenen serviert, der sehr zäh war und nur aus Haut und Knochen bestand. Nun versprach sich jeder wegen des doppelt so großen Appetits ein doppelt so großes Vergnügen. Als das Ungeheuer erkannte, welche Delikatesse man ihm opferte, errötete es vor Freude, wedelte mit seinem schuppigen Schwanz in der Luft herum und stürzte auf die Jungfrau zu.

Aber kurz bevor es diese erreichte, zog die Jungfer aus ihrer Brust ein Kruzifix heraus und hielt es vor das Ungeheuer. Sie war Christin.

Im Angesicht des Erlösers verharrte das Ungeheuer wie

versteinert. Dann, als es erkannte, daß es nichts mehr zu holen gab, flüchtete es wutschnaubend in seine Höhle.

Zum ersten Mal erlebte die Bevölkerung, daß der Drache die Flucht ergriff. Während einige zu der Jungfer liefen, um sie loszubinden, verfolgten die übrigen Einwohner den Drachen. Durch sein Erschrecken mutig gemacht, brachten sie in die Höhle eine Menge Reisigbündel ein, auf die sie Schwefel und Pechharz schütteten und die sie anschließend anzündeten.

Drei Tage lang spie der Berg Flammen wie ein Vulkan, drei Tage lang hörte man, wie der Drache in seinem Schlupfwinkel schnaubend um sich schlug. Endlich verstummte das Schnauben. Das Ungeheuer war gebraten.

Heute noch sieht man die Flammenspur. Dort zerfällt das durch die Hitze ausgeglühte steinerne Gewölbe zu Staub, sobald man es berührt. Nur zu begreiflich ist es, daß ein solches Wunder die Verbreitung des Christentums stark förderte. An den Ufern des Rheins gab es seit dem Ende des 4. Jahrhunderts tatsächlich schon eine große Anzahl von Anhängern Christi.

Gerade war ich damit beschäftigt, die herrliche Landschaft zu bewundern, die sich im Umkreis von 25 Meilen vom höchsten Gipfel[25] des Siebengebirges, dem Drachenfels, darbietet. Da zeigte mir der Besitzer von Hänschen auf der Höhe von Bonn, das heißt vier oder fünf Meilen weit entfernt, einen kleinen schwarzen Punkt. Aus dieser Entfernung schien er sich kaum zu bewegen. Mit Hilfe meines Fernrohrs erkannte ich jedoch unser Dampfschiff, jenen anderen modernen Drachen. Es kam, aus seinem klaffenden Maul Feuer und Dampf speiend, heran und wirbelte dabei mit seinen eisernen Flügeln das Wasser des Rheins auf. Wir machten uns an den Abstieg. Hänschen setzte alles daran, daß wir rechtzeitig in Königswinter ankamen.

[25] Nicht der Drachenfels (321 m), sondern der Ölberg (461 m) ist der höchste Berg des Siebengebirges.

Ausblick ins Rheintal nach Bonn und Godesberg

Auf dem Schiff traf ich unsere beiden Engländer wieder, den selbsternannten Studenten von 45 Jahren und seinen Freund Mylord S., den untröstlichen Witwer. Von diesen beiden war schon in meinem letzten Kapitel über Bonn die Rede. Sie fuhren den Rhein aufwärts, um in Mainz nach dem Grabstein von Mylady S. zu schauen.

Außerdem war da noch ein Holländer, der, wie es in Holland Brauch ist, Tête-à-tête mit seiner Auserkorenen reiste. Diese holländische Sitte ist ausgezeichnet. Während der gemeinsamen Reise, die die Eltern den Verlobten gestatten, zeigt sich nämlich, ob man den Fisch ans Wasser gewöhnen kann. Denn eine Reise stellt die Situation im Leben dar, bei der man ganz ungezwungen gute wie schlechte Angewohnheiten offenbart. Bereits auf einer Rheinreise von Nymwegen hinauf nach Straßburg lernen die zukünftigen Ehegatten ihre gegenseitigen Charaktereigenschaften so gut kennen, als hätten sie schon zehn Jahre zusammengelebt. Verstehen sie sich, so kehren sie Hand in Hand zu ihren Großeltern zurück, die ihnen ihren Segen erteilen und sie verheiraten. Verstehen sie sich nicht, trennen sie sich, kehren, jeder auf einem anderen Schiff, zurück und reisen aufs neue, der Auserkorene mit einer neuen Auserkorenen, die Auserkorene mit einem neuen Auserkorenen. Aufgrund dieser Möglichkeiten geschieht es höchst selten, daß sich zwei Seelenhälften, die sich ja nach Platon und Herrn Dupaty[26] suchen, nach der siebten oder achten Reise nicht gefunden hätten.

Sind sie einmal verheiratet, verlassen die Holländer ihr Heim nicht mehr.

Kaum hatte besagter Holländer erfahren, wer ich war, fühlte er sich verpflichtet, mich seiner Auserkorenen vorzustellen. Das war eine blühende stämmige Holländerin. Sie glaubte, sich den Anschein geben zu müssen, sie habe meine Bücher gelesen. Der Auserkorene hingegen pries die holländische Dichtkunst in den höchsten Tönen. Er nannte mir zwei Dichter und fragte, ob ich diese kenne. Ich antwortete, diese Ehre sei mir nicht zuteil geworden. Daraufhin versicherte mir der Holländer, das seien zwei Dichter, die weit über Lamartine und Hugo stünden. Sie wären in der ganzen Welt bekannt, könnte man nur ihre Namen in einem anderen Land außer Holland aussprechen.

Ich bedauerte das Schicksal dieser beiden verkannten Genies, die durch eine Verschwörung von Konsonanten zur Unbekanntheit verdammt seien. Damit schmeichelte ich mich in das Herz des Paares, und die beiden sagten, sie seien mir ganz zu Diensten, sollte mich je die Lust überkommen, nach Lekkerkerk zu reisen. So hieß ihr Ort.

Glücklicherweise bot mir nun die wunderschöne Landschaft Gelegenheit, die niederländische Unterhal-

---

[26] Louis-Marie Dupaty, 1771–1825, Dramatiker, letzter Vertreter der klassischen Schule, Rompreisträger.

tung, in die ich verstrickt war, zu unterbrechen. Gerade führen wir an der Gegend zwischen Rolandseck und Nonnenwerth vorbei.

Die Wallfahrt zum Rolandseck oder der Burgruine von Roland ist eine Notwendigkeit für zarte Seelen, und zwar nicht nur für die Bewohner des Rheinufers zwischen Schaffhausen und Rotterdam, sondern auch noch für die, die fünfzig Meilen landeinwärts wohnen.

Glaubt man der Sage, so befand sich Roland auf einer Fahrt rheinaufwärts. Er folgte einem Ruf seines Onkels, der sich gerade aufmachte, die Sarazenen in Spanien zurückzuschlagen. An dieser Stelle wurde er vom alten Grafen Raimund empfangen. Als dieser erfuhr, welch berühmten Paladin er die Ehre hatte, bei sich aufzunehmen, ordnete er an, daß seine schöne Tochter Hildegunde ihn bei Tisch bediene. Roland legte keinen besonderen Wert darauf, von wem er bedient wurde: Hauptsache, zu essen gab es reichlich, und der Wein war gut. Er hob also sein Glas. Da öffnete sich eine Tür, und ein schönes junges Mädchen trat ein. Mit einem Krug in der Hand näherte es sich dem Ritter. Auf der Hälfte des Wegs aber kreuzten sich die Blicke von Hildegunde und Roland, und – welch merkwürdiger Zufall – beide begannen zu zittern, und zwar so sehr, daß die Hälfte des Weines auf die Bodenfliesen tropfte, einerseits durch die Schuld des Tischgastes, andrerseits durch die des Mundschenks.

Roland sollte schon am nächsten Morgen abreisen. Aber der alte Graf Raimund bedrängte ihn, er möge doch noch acht Tage auf dem Schloß verweilen. Roland spürte zwar, daß ihn seine Pflicht nach Ingelheim rief, als aber Hildegunde ihre schönen Augen auf ihn richtete, blieb er.

Am Ende dieser acht Tage hatten sich die Liebenden noch mit keinem Wort ihre Liebe gestanden. Am Abend des achten Tages jedoch nahm Roland Hildegunde bei der Hand und führte sie zur Kapelle. Vor dem Altar knieten beide in gleicher Haltung nieder. Roland sprach: »Niemals werde ich eine andere Frau als Hildegunde haben.« Hildegunde fügte hinzu: »Herr! Nimm dies Versprechen an, daß ich außer ihm nur Dir gehören will.«

Roland reiste ab. Ein Jahr verstrich. Roland vollbrachte Wunder, und die Kunde seiner Heldentaten erschallte von den Pyrenäen bis zu den Ufern des Rheins. Doch plötzlich sprach man in Andeutungen von einer großen Niederlage, wobei der Name Roncevaux fiel.

Eines Abends erbat ein Ritter Gastfreundschaft auf Graf Raimunds Schloß. Er kam aus Spanien, wohin er dem Kaiser gefolgt war. Hildegunde nahm sich ein Herz und fragte nach Roland. Da erzählte der Ritter, wie dieser sich in der von Sarazenen umzingelten Schlucht von Roncevaux allein gegen hundert Gegner gesehen habe, wie er daraufhin in sein Horn geblasen habe, um den Kaiser zu Hilfe zu rufen. Das habe er mit einer solchen Kraft getan, daß der Kaiser, der bereits anderthalb Meilen entfernt war, habe umkehren wollen. Aber Ganelon habe ihn daran gehindert. Der Klang des Horns war langsam verebbt als ein letztes Aufbäumen des Helden. Damit sein getreues Schwert Durandel nicht in die Hände der Ungläubigen falle, habe er versucht, es an den Felsen zu zerbrechen. Aber Durandel, gewohnt Eisen zu zerschlagen, habe auch den Granit zerschlagen. Roland habe die Klinge in einen Felsspalt stecken und sie durch sein Körpergewicht zerbrechen müssen. Danach sei er, von Wunden übersät, neben den Trümmern seines Schwertes niedergesunken. Dabei habe er den Namen einer Frau gemurmelt, die Hildegunde hieß.

Des Grafen Tochter vergoß weder eine Träne noch stieß sie einen Schrei aus. Totenblaß erhob sie sich nur und ging zum Grafen.

»Vater«, sprach sie zu ihm, »Ihr wißt, daß Roland mir und ich ihm versprochen war. Mit Eurer Erlaubnis werde ich morgen in das Kloster Nonnenwerth eintreten.«

Der Vater sah seine Tochter an und schüttelte traurig sein Haupt, denn im Innersten fragte er sich: Bedeutete Roland ihr denn alles? Und ich, bin ich denn nichts für sie? Dann aber erinnerte er sich daran, daß er zunächst Christ und dann erst Vater sein dürfe.

»Gottes Wille soll bei allen Dingen den Vorrang haben«,

erwiderte er. So trat Hildegunde anderntags ins Kloster ein. Alsdann hatte sie es sehr eilig, den Schleier zu nehmen. Denn, so schien es ihr, je eher sie vom Irdischen losgelöst sei, um so näher sei sie Roland. Deshalb setzte sie beim Bischof ihrer Diözese, der ihr Onkel war, durch, daß die Prüfungszeit für sie auf drei Monate verkürzt wurde. Am Ende dieser drei Monate legte sie die ewigen Gelübde ab. Kaum acht Tage waren verstrichen, als ein Ritter um Gastfreundschaft im Schloß des Grafen Raimund bat. Als der Graf auf ihn zukam, hielt der Ritter an und sah ihn erstaunt an. Denn der Graf war in den drei Monaten, seit er von seiner Tochter getrennt war, um zehn Jahre gealtert.

Der Ritter schob nun das Visier seines Helmes hoch: »Vater«, sprach er, »ich habe mein Wort gehalten. Hat Hildegunde auch das ihre gehalten?«

Der Greis stieß einen Schmerzensschrei aus. Dieser Ritter war Roland. Er hatte zwar schwere Verwundungen erlitten, war aber nicht an ihnen gestorben. Nach langer Genesungszeit hatte er sich auf den Weg gemacht, seine Verlobte wiederzutreffen.

Der Greis stützte sich auf die Schultern von Roland. Dann nahm er seinen ganzen Mut zusammen und führte ihn, ohne ein Wort zu sagen, zur Kapelle. Dort bedeutete er ihm, sich hinzuknien und kniete sich neben ihn.

»Beten wir«, sprach er.

»Ist sie tot?« hauchte Roland

»Für dich und für die Welt ist sie tot! Hatte sie nicht versprochen, nur dir oder dem Herrgott zu gehören? Sie hat ihr Versprechen gehalten.«

Am nächsten Morgen ging Roland zu Fuß weg. Sein Pferd und seine Waffen ließ er im Schloß des alten Grafen zurück. Er schlug den Weg ins Gebirge ein. Gegen Abend kam er zum Gipfel einer dieser Felsen, die über den Fluß ragen. Zu seinen Füßen sah er am äußersten Ende der grünen Insel Nonnenwerth das Klostergebäude. Zu dieser Stunde sangen die Nonnen gerade zum Angelus. Unter all den frommen Stimmen, die zum Himmel aufstiegen, war eine Stimme, die besonders sein Herz berührte.

Die Nacht verbrachte Roland ausgestreckt auf dem Felsen. Am nächsten Morgen, als die Nonnen zur Morgenandacht sangen, hörte er wieder diese Stimme, die alle Fasern seiner Seele erzittern ließ. Da beschloß er, sich auf dem Gipfel dieses Berges eine Einsiedelei zu bauen, um der für immer nahe zu sein, die er liebte. Sogleich machte er sich ans Werk.

Gegen elf Uhr pflegten die Nonnen das Kloster zu verlassen und sich auf ihrer Insel zu ergehen. Eine jedoch entfernte sich von ihren Gefährtinnen, um sich unter eine Trauerweide am Ufer zu setzen. Sie trug die Ordenstracht. Obwohl es die gleiche war, die auch ihre Gefährtinnen trugen, befand sich Roland nicht einen Augenblick im Zweifel darüber, daß dies Hildegunde sei.

Zwei Jahre lang hörte Roland des Morgens und des Abends unter den frommen Stimmen diese eine Stimme heraus, die ihm so teuer war. Zwei Jahre lang, Tag für Tag zur gleichen Zeit, setzte sich die gleiche einzelne Nonne auf den gleichen Platz. Aber von Tag zu Tag ging sie langsamer dorthin. Eines Abends schließlich fehlte die Stimme. Auch am nächsten Morgen fehlte die Stimme. Es wurde elf Uhr, doch Roland wartete umsonst. Wie üblich, verteilten sich die Nonnen über den Garten, aber keine von ihnen setzte sich mehr unter die Trauerweide am Ufer. Gegen vier Uhr nachmittags gruben vier Nonnen, sich bei der Arbeit abwechselnd, ein Grab am Fuße der Trauerweide. Als das Grab ausgehoben war, vernahm Roland erneut die Gesänge, denen aber immer noch die zarteste und schönste Stimme fehlte. Da trat die ganze Klostergemeinschaft aus dem Kloster heraus, um den Sarg zu begleiten. Darin lag eine Jungfrau mit bleichem unverschleierten Gesicht, das Haupt von Blumen bekränzt.

Nun hatte Hildegunde den Schleier abgenommen, zum ersten Mal seit zwei Jahren.

Drei Tage später kletterte ein Hirte, der ein Schaf verloren hatte, bis zum Gipfel des Berges empor. Dort fand er Roland. Dieser saß mit dem Rücken an die Wand seiner Einsiedelei gelehnt, sein Haupt war auf die Brust gesunken. Er war tot.

Rolandsbogen und Insel Nonnenwerth, im Hintergrund der Drachenfels

Die beiden Untertanen des Königs von Holland und der Verlobte mit seiner Verlobten ließen sich in Rolandswerth absetzen. Ehe das Dampfschiff noch um den Bogen von Unkelbach herumgefahren war, sahen wir die beiden, die Arme verliebt untergehakt, auf dem Gipfel des Rolandseck erscheinen.

Auf der anderen Rheinseite, dem Unkelbacher Bogen gegenüber, liegt das Städtchen Unkel. Die säulenartigen Gesteinsschichten seiner Basaltbrüche[27] erstrecken sich bis auf den Grund des Rheins und wirken dort wie die Ruinen einer versunkenen Stadt. Durch Remagen auf der anderen Seite, das antike Rigomagum der Römer, ließ der pfälzische Kurfürst Karl Theodor eine Straße[28] bauen, die Bonaparte 1801 vollendete. Sechzehn Jahr-

[27] Nach Delkeskamp und Aloys Schreiber liegen diese auf der linken Rheinseite.

[28] Von Koblenz nach Bonn.

hunderte zuvor hatte Mark Aurel die gleiche Idee gehabt und auch schon die gleiche Arbeit geleistet. So stießen die Straßenarbeiter überall auf Zeugnisse der Römerstraße, sei es auf römische Meilensteine, Münzen, Säulen, Inschriften oder Sarkophage. Streng genommen hätte man nur dieser antiken Spur zu folgen brauchen. Hinter Remagen erhebt sich der Apollinarisberg. Dort wird das Haupt des hl. Apollinaris aufbewahrt. Es soll eine höchst wundertätige Reliquie sein.

Apollinarisberg um 1835

Just in dem Augenblick kam mein alter Student zu mir, immer gefolgt von Mylord S., der mit dem Trauerflor an seinem Hut und seinem Ärmel aussah wie ein altes Klageweib. Er hielt eine Flasche und zwei Gläser in der Hand, ein drittes befand sich in der Hand von Mylord S.

»Halten Sie einmal«, sagte er, indem er mir das Glas hinstreckte, »Sie müssen unbedingt den Ley-Wein[29] pro-

[29] Es handelt sich um die Erpeler Ley.

bieren, hier, im Angesicht des Berges, wo er gelesen wird. Obwohl Sie mir keineswegs als großer Kenner erscheinen, sollen Sie mir Ihre Meinung dazu sagen.«

»Ja«, entgegnete ich, nachdem ich ihn gekostet hatte, »das ist ein ausgezeichneter Wein.«

»Ganz meine Meinung«, versicherte der Engländer, indem er mit der Zunge schnalzte, »zusammen mit dem Johannisberger und der Jungfrauenmilch ist er der beste der ganzen Rheingegend.«

»Und wo wächst dieser Nektar?«

»Passen Sie mal auf«, sagte der Engländer zu mir, »sehen Sie diesen Basaltfelsen?«

»Ja, und?«

»Grüßen Sie, der ist seine Heimat.«

»Aber auf Ihrem Felsen gibt es ja keinen Fingerhut Erde, es sei denn, der Wein entspringt einer Quelle.«

»Also, mein lieber Herr, wenn Sie so wie ich dreißig Jahre lang studiert hätten, dann wäre Ihnen bekannt, daß der Mensch als geschicktes Wesen noch für alles Hilfsmittel erfunden hat. Er nahm das Werk des Schöpfers an, aber jedesmal, wenn es nötig war, hat er es korrigiert. An diesem Ort hatte die Schöpfung niemals den Weinbau vorgesehen. Doch der Mensch erkannte, daß er hier wunderbar gedeihen könnte. Also pflanzte er Reben in Körbe und befestigte diese am Berg. Die Traube ließ es sich gefallen, reifte wie im vollen Erdreich, und man kelterte diesen Wein daraus.«

»Er ist ausgezeichnet.«

»Das meine ich auch, Mylord, *another glass to the memory of that dear lady.*«

»Oh«, jammerte Mylord und kippte seinen Ley-Wein hinunter.

»Da sehen Sie«, sprach sein Gefährte zu mir, »wie es schon im Psalm heißt, er trinkt seinen Wein gemischt mit seinen Tränen. Ich dagegen trinke ihn lieber pur. Noch ein Glas?«

»Danke.«

»Ich selbst«, fuhr der Student fort, »trinke an dieser Stelle immer drei Gläser. Das erste für mich, das zweite aus Dankbarkeit gegenüber dem unbekannten Erfinder dieses Systems des Weinstocks im Korb und das dritte zu Ehren des Burgherrn von Altenahr. Demnach sind Sie noch zwei Gläser im Rückstand.«

»Sehr gut! Das erste habe ich getrunken, um Ihre Meinung zu bestätigen. Das zweite werde ich aus Dankbarkeit gegenüber dem Mann mit den Körben trinken. Was aber das dritte anbelangt, so erlauben Sie mir die Frage, was es denn mit diesem Herrn von Altenahr auf sich hat, bevor ich auf sein Andenken trinke. Denn, obwohl ich den Rheinwein überaus schätze, so geht er mir doch zu schnell ins Blut.«

»Also gut! Der Herr von Altenahr war ein ehrbarer Ritter, dessen Sitz sich am Ufer dieses Flüßchens befand, das sich gerade zu unserer Rechten in den Rhein ergießt. Man nennt es Ahr. Er wurde von einem seiner Feinde belagert, dessen Name mir entfallen ist, aber das spielt keine Rolle. Als der Belagerer gerade sein Banner auf die Umfassungsmauer der Burg pflanzte, erschien der Burgherr von Altenahr zu Pferde und in voller Rüstung auf seinem Balkon. Zu seinem Feind gewandt rief er: »Graf Hermann (er hieß nämlich Hermann), Eure Pfeile und Steine haben meine Leute getötet. Hunger und Krankheit haben meine Frau und meine Kinder dahingerafft. Allein ich und mein Schlachtroß sind auf dem Schloß übriggeblieben. Keines von beiden wird lebend in Eure Hände fallen. Adieu, Graf Hermann, auf daß Ihr verflucht seid!«

Sprach's und gab seinem Pferd die Sporen. Das sprang wiehernd vom Balkon und verschwand mit seinem Gebieter in den Fluten.

»Oh, unmöglich kann ich es abschlagen, ein Glas Rheinwein zum Andenken eines solch wackeren Ritters zu trinken. Gießen Sie es ganz voll, Sir… wenn Sie Ihren Namen nicht wie den des Grafen Hermann vergessen haben, dürfte ich dann danach fragen?«

»Sir Patrick Warden.«

»Mir scheint aber, Sie sind nicht ganz gerecht, Sir Patrick.«

»Wieso?«

»Sie trinken zum Andenken des Ritters von Altenahr, und sein Pferd vergessen Sie.«

»Bei meiner Seele, Sie haben recht! Dann habe ich einen enormen Nachholbedarf! Zehn Jahre fahre ich nun schon den Rhein hinauf und hinunter. Bei viermal pro Jahr (nach niedrigster Schätzung) sind das vierzig Gläser, die ich dem Geist des Pferdes schulde. Kellner, noch eine Flasche Ley-Wein! Mylord, der Herr hat gerade richtig bemerkt«, fuhr Sir Patrick in englischer Sprache fort und wandte sich an Mylord S. …

Ich nutzte diese Erklärung, um ans andere Ende des Schiffes zu kommen. Von dort aus beobachtete ich, daß Mylord S. offensichtlich den Fehler erkannte, den sein Gefährte begangen hatte, und ihm soviel er konnte half, ihn wiedergutzumachen. Er ließ sechs Flaschen Ley-Wein auffahren. So hatte Sir Patrick, der auf Ordnung sah, seine Bilanz wieder ausgeglichen.

Währenddessen waren wir ständig weitergefahren. Wir hatten **Leubsdorf** mit seinem weißen Kirchturm hinter uns gelassen, ebenso **Linz**, das Karl der Kühne 1476, ein Jahr vor seinem Tod, erobert hatte. **Sinzig**, das antike Sentiacum der Römer, durch Sentius, einen Feldherrn des Augustus gegründet. **Arenfels** mit seinem alten Schloß, **Burg Rheineck**, deren letzter männlicher Erbe gleichen Namens 1544 starb. Das hübsche Städtchen **Brohl**, dessen rote und blaue Dächer hinter einem Schleier von Pappeln hervorleuchten.

Endlich kam die **Burg Hammerstein**, berühmt, weil sie einst Kaiser Heinrich IV. Gastfreundschaft gewährte.

Burg Hammerstein

Es war um das Jahr 1105. Der Besitzer der alten Burg, von der man heute nur noch die Ruine sieht, hieß Wolf von Hammerstein. Er war der Letzte seines Geschlechts, denn er besaß keinen Sohn, sondern nur zwei Töchter. Diese waren so schön, daß man sie die Rosen vom Rhein nannte.

Weit davon entfernt, seinen Schmerz zu überwinden, waren die beiden jungen Gräfinnen in den Augen ihres alten Vaters ein ständiger Anlaß, mit dem Schicksal zu hadern. So schön sie auch waren, er hätte alle beide für den häßlichsten Sohn dahingegeben, wenn Gott ihm einen geschenkt hätte. Nur tapfer hätte er sein müssen und fähig, auf ehrbare Weise den vornehmen Namen, den er selbst von seinen Vätern geerbt hatte, an seine Söhne weiterzugeben.

Selbst wenn er sah, daß seine Töchter an der Spindel feinere Fäden als die der Jungfrau[30] spannen oder ihre von Hand bestickten Stoffe lebendiger, bunter und blumenreicher aussahen als seine Wiesen im Mai, wurde er wütend und rief aus: »Was treibt ihr da? Ist das euer Hochzeitskleid? Was treibt ihr da? Ist das etwa mein Totenhemd?«

Seine Töchter antworteten ihm sanft mit Tränen in den Augen, denn sie spürten, welcher Schmerz ihn bedrückte: »Vater, das ist keineswegs mein Hochzeitskleid, das ich besticke, denn ich werde niemals heiraten, damit ich immer bei Euch bleiben kann.« – »Vater, keinesfalls ist das Euer Totenhemd, dessen Garn ich spinne. Damit eilt es nicht, denn so Gott will, werdet Ihr noch viele Jahre leben.«

Eines Abends war der alte Graf noch niedergeschlagener als gewöhnlich. Es zog nämlich ein Unwetter auf, der Wind heulte in den alten Türmen, dazu trommelte der Regen an die Fenster, und ab und zu zuckte grell ein bläulicher Blitz auf. Da hörte er ein Klopfen am Burgtor. Er fuhr zusammen, denn es war höchst ungewöhnlich, daß zu dieser Stunde und bei diesem Wetter ein Reisender den Aufstieg gemacht hatte, wo er doch unten im Dorf hätte bleiben können. Auch die jungen Mädchen sprangen mit unruhig ängstlicher

30 *Fils de la Vierge* nennt man in Frankreich die ganz dünnen Fäden der jungen Spinnen im September.

Miene auf. Jetzt öffnete ein Diener die Tür und meldete, ein Greis bäte um Gastfreundschaft.

Bei diesen Worten liefen die beiden jungen Mädchen dem Gast entgegen. Bald kamen sie zurück. Der Mann, den sie unter den Armen stützen, hatte weiße Haare und einen grauen Bart. Seine Kleider waren klatschnaß und bespritzt von Schlamm. Er sah aus, als habe er einen langen Fußmarsch hinter sich. Die jungen Mädchen hatten, ohne nach seinem Stand zu fragen und trotz seiner ungepflegten Kleidung, ihn gleich in das vornehmste Zimmer der Burg geführt, sowie es üblich war beim Grafen von Hammerstein. Wer auch immer der Gast war, den er empfing, ihm gebührte der Ehrenplatz bei Tisch, sein Bett wurde im Ehrengemach gerichtet.

Wolf ging auf den Greis zu. Wie groß war jedoch das Erstaunen der beiden Grafentöchter, als sie sahen, daß ihr Vater, als der Gast den Kopf hob, vor ihm auf die Knie fiel.

»Du erkennst mich also, Wolf, mein alter Freund«, sprach der Ankömmling.

»Oh, mein Kaiser«, rief der Graf aus, »warum nur habt Ihr Euren Stammsitz in Ingelheim oder Köln verlassen? Was nur mußte geschehen, daß Ihr, ohne Begleitung, zu Fuß, um diese Uhrzeit und bei diesem Wetter hierherkommt, um an die Tür Eures ergebenen Dieners zu klopfen?«

Schon bei den ersten Worten ihres Vaters hatten die jungen Mädchen erkannt, daß der, den sie an den Armen abstützten, niemand anderes war als Kaiser Heinrich IV. Respektvoll hatten sie sich von seinen Seiten entfernt und betrachteten ihn mit Ehrerbietung.

»Es ist so, mein alter Bannerführer«, antwortete der Reisende, »daß ich nicht nur nicht mehr König noch Kaiser bin, sondern daß ich gestern um diese Stunde noch Gefangener war und heute, was keineswegs besser ist, als Flüchtling vor dir stehe.«

»Wer nur kann es gewagt haben, Hand an den Mann zu legen, der vom Herrgott doppelt gesalbt ist?«

»Einer, der die Pflicht gehabt hätte, ihn vor allen und gegen alle zu verteidigen, einer, der aus meinem eigenen Blut entsprossen ist, einer, der meinen Namen trägt. Es ist Heinrich, mein eigener Sohn.«

Die beiden jungen Mädchen schlugen die Hände vor die Augen, der Graf wich einen Schritt zurück, und dem alten Kaiser entrang sich ein Seufzer.

»Ja, es ist mein Sohn«, fuhr er fort, »er schrieb mir, er läge krank auf der Klopp-Burg. Du weißt ja, wie sehr ich ihn liebte. Ich nahm mir gar nicht die Zeit, mich von meiner Leibgarde begleiten zu lassen. Warum sollte ich meinem Sohn mißtrauen? Ich stieg aufs Pferd und machte mich auf den Weg. Ich ritt Tag und Nacht. Dabei betete ich ständig, der Herrgott möge die wenigen Tage, die mir noch blieben, lieber seinem Leben hinzufügen. Endlich kam ich an. Eine Garde erwartete mich bereits. Ich hielt sie für eine Ehrengarde oder vielmehr, ich beachtete sie nicht weiter. Ich fragte nur, wo mein Sohn sei. Man wies mit dem Finger auf die Eingangstreppe. Ohne Mißtrauen stieg ich hinauf. Ich ging von Zimmer zu Zimmer, ständig seinen Namen rufend. Kaum hatte ich ein Zimmer betreten, schienen sich die Türen wie von selbst hinter mir zu schließen, und ich vernahm das Knarren der Schlösser. Da packte mich ein Schauder, aber nicht etwa, weil ich Angst um meinen eigenen Körper gehabt hätte. Ich begann zu ahnen, was hier gespielt wurde. Um seine Seele bangte ich. Ich hatte mich nicht getäuscht: Dieser Brief, den er mir geschrieben hatte, war eine Falle. Der Schuft! Mit meiner zärtlichen Fürsorge hatte er gerechnet, um mich zum Gefangenen zu machen.«

»Ein Sohn! Ein Sohn!« murmelte der alte Graf.

Die jungen Mädchen zogen sich noch mehr in die Dunkelheit des Zimmers zurück.

»Fünfzehn Tage verbrachte ich so, immer im Glauben, er käme herein und fiele vor mir nieder. Jedesmal, wenn die Tür sich öffnete, breitete ich meine Arme aus, um ihn an mein Herz zu drücken. Am Ende dieser zwei Wochen öffnete sich die Tür behutsam. Der Posten, der mich bewachte, trat ein.

»Was willst du?« fragte ich ihn.

»Gnädiger Herr«, sagte er, »hört Ihr den Lärm in der Stadt?«

»Ja, wer macht denn solchen Lärm?«

»Gnädiger Herr, es sind die geistlichen Würdenträger. Der

Reichstag zu Mainz unter Vorsitz Eures Sohnes hat Euch abgesetzt und ihn gewählt. Jetzt ist er der Kaiser. Nun kommen sie zur Klopp-Burg, um die hier verwahrten Reichsinsignien, Krone, Schwert und Reichsapfel, abzuholen.«

»Hast du deshalb meine Tür geöffnet?« fragte ich ihn.

»Nein, Herr, es war nur, um Euch zu sagen, daß ich, falls Ihr für Eure Person etwas befürchtet, einen Fluchtweg aus dem Schloß wüßte.«

Ich betrachtete diesen Mann, dessen Gesicht mir nicht ganz unbekannt vorkam.

»Wer bist du denn?« fragte ich ihn. »Du, der seine Hilfe einem anbietet, der von seinem Sohn verraten, von seinen Freunden verleugnet, vom Himmel vergessen und von der Erde verstoßen wurde?«

»Wer ich bin? Nun, gnädiger Herr, ich bin nichts als ein Söldner. Ich sah, wie Ihr in Worms zum Ritter geschlagen wurdet. Wir waren im gleichen Alter. Ihr hattet ein so stolzes und kämpferisches Aussehen, daß ich mir schwor, mich auf ewig Eurem Schicksal zu verbinden. Ich war einfacher Fußsoldat bei den Zähringer Truppen, als der Sachsenaufstand[31] Euch zwang, aus Harzburg zu fliehen. Ich gehörte zu Eurem Gefolge, als wir die Alpen überquerten, um nach Italien zu gelangen. Auch, als der König der Priester Euch im Hof von Canossa mit nackten Füßen im Schnee warten ließ. Ich machte die Schlacht von Merseburg mit. Dort blieb ich verwundet auf dem Schlachtfeld liegen. Dies Unglück hat mich gezwungen, mich bei den Mainzer Truppen zu verdingen. Zweifellos hat der Herrgott mich nun auf diese Weise zu Euch geführt. Denn als ich meinen Kaiser so im Unglück sah, daß er nicht nur seine Freiheit verloren hatte, sondern auch noch sein Leben bedroht war, da erinnerte ich mich an meinen Schwur von Worms. Wollt Ihr fliehen, so bleibt Euch noch ein Fluchthelfer, wollt Ihr Euch schlagen, so bleibt Euch noch ein Soldat.«

»Danke«, entgegnete ich, »bewahre mir deine Ergebenheit für eine andere Gelegenheit zu anderer Stunde auf. Heute jedenfalls werde ich nicht fliehen.«

---

[31] Er fand von 1073–75 statt.

»Ihr seid mein Kaiser und mein Gebieter. Euch schulde ich Gehorsam«, sagte der Soldat, »so geschehe denn Euer Wille, denn für mich sitzt Ihr immer auf dem Thron.«

Nach diesen Worten ging er.

Kaum war die Tür geschlossen, ging ich in das Zimmer, in dem die Reichsinsignien verwahrt wurden. Ich hängte mir das Schwert Karls des Großen an den Gürtel, setzte mir die Krone auf, warf den Mantel über die Schultern und nahm den Reichsapfel in die Hand. Als ich sie ins Nebenzimmer kommen hörte, trat ich so vor sie hin. Bei meinem Anblick wichen sie zurück, denn sie hatten mich als flehenden Gefangenen erwartet und nicht als regierenden Kaiser.

»Wer veranlaßt Euch, Ruthor von Mainz, hierher zu kommen? Was sucht Ihr in dieser Burg, Erzbischof von Köln?« fragte ich. Einen Augenblick lang verharrten sie stumm und starrten mich an. Aber mein alter Feind Ruthor fand alsbald die Sprache wieder.

»Wir sind gekommen«, sprach er, »um von Euch das zu fordern, was nicht mehr Euer ist. Der Reichstag von Mainz hat Euch abgesetzt, die Kirche hat Euch aus ihrem Schoß verstoßen. Gebt uns das, was Ihr nicht mehr tragen dürft, denn es gehört jetzt Heinrich V. Dieses Schwert, diese Krone, diesen Mantel, diesen Reichsapfel, gebt sie uns heraus.«

»Kommt nur und nehmt sie Euch«, entgegnete ich lachend. Denn ich muß gestehen, ich hätte nicht für möglich gehalten, daß sie Hand an ihren Kaiser legen würden. Doch Ruthor warf sich auf mich und entriß mir die Krone. Auch der Erzbischof legte Hand an mich und entriß mir den Kaisermantel. Durch ihr Beispiel ermutigt, machten es die anderen ebenso. Sie nahmen mir den Reichsapfel und das Schwert. Währenddessen riefen die Ritter von der Zimmertür auf die Treppe des Hofs herunter: Es lebe Kaiser Heinrich V., unser großmütiger Herrscher!«

Noch am gleichen Abend brachte man mich zur Feste Ingelheim. Dort wurde ich fünf Monate gefangengehalten, bis ich eines Tages erlebte, wie die Tür sich öffnete und der alte Soldat von Klopp wieder auftauchte.

»Mein Kaiser«, sprach er, »hier kommt noch einmal Euer treuer Diener, um Euch seine Dienste anzubieten. In dieser Nacht halte ich von zehn Uhr bis Mitternacht Wache vor Eurer Tür. Wollt Ihr mir folgen, dann seid Ihr frei.«

Ich willigte ein und folgte ihm. Aber vor zwei Stunden kamen die Soldaten meines Sohnes in das Dorf, wo wir uns gerade ein wenig ausruhten. Da zog der alte Soldat, getreu bis zum Tod, meine Kleider an und gab mir die seinen. Während sie nun seine Verfolgung aufnahmen, machte ich mich beim Schein der Blitze auf die Suche nach deinem Schloß. Ich wußte ja, dort würde ich Brot und ein Bett finden.«

»Euer Gnaden! Euer Gnaden!« rief der alte Graf aus, »da habt Ihr Euch keineswegs getäuscht: Burg und Burgherr sind die Euren.«

Nach diesen Worten gab er ihm seine schönsten Kleider, die er ihm selbst anziehen wollte. Als er angekleidet war, bat er ihn zu Tisch und bediente ihn selbst. Nach dem Abendessen führte er ihn zu seinem Zimmer und wachte mit gezogenem Schwert vor der Tür.

Als der Kaiser am nächsten Tag die Burg verlassen hatte, rief er seine beiden Töchter zu sich, drückte sie an sein Herz und sprach zu ihnen: »Zwei Himmelsengel seid ihr, seid gesegnet.«

Es geschah niemals wieder, daß er bedauerte, anstatt eines Sohnes, vom Herrgott nur zwei Töchter bekommen zu haben.

Von der kleinen Insel aus, die Hammerstein gegenüberliegt, kann man bereits den hohen Turm von Andernach erkennen. Es ist das alte römische Antoniacum und eine der sieben Städte, die Julianus in seinem Feldzug gegen die Alemannen im Jahre 359[32] erobert hat. Sein Römertor und der hohe Turm entstammen wahrscheinlich dieser Epoche. Die fränkischen Könige bau-

[32] Bei Dumas steht 559, was wohl ein Druckfehler ist.

ten sich hier eine Pfalz, von deren Fenstern aus, wie frühere Geschichtsschreiber berichten, man direkt im Rhein fischen konnte. Ob nun die mittelalterlichen Chronisten sich irrten oder der Rhein seit dieser Zeit sein Bett stark verändert hat, jedenfalls liegen die Ruinen der Pfalz im Südosten der Stadt heute eine viertel Meile vom Ufer entfernt. 1688 wurde auch Andernach, wie manch andere pfälzische Stadt, von Turenne[33] niedergebrannt.

Als wir gerade dabei waren, so gut wir konnten und unter Zuhilfenahme unserer Fernrohre, die alte Römerstadt auszumachen, stieß unser Steuermann einen wahren Freudenschrei aus. Einige Mitglieder der Besatzung stimmten ein. Sie hatten auf der Höhe von Irlich ein Riesenfloß entdeckt. Es steuerte geradewegs auf uns zu. Dabei handelt es sich um eine der seltsamsten Konstruktionen, die die Menschheit seit der Arche Noah auszuführen gewagt hat.

Jeder lief auf die Brücke.

Das Riesenfloß glitt majestätisch den Rhein hinunter, den wir flußaufwärts fuhren. Es sah aus wie ein schwimmender Berg aus Holz, war schätzungsweise 800 bis 900 Fuß lang und 60 bis 70 Fuß breit. Als es näherkam, konnten wir darauf ein Dorf, Bevölkerung und Viehherden unterscheiden. Dies Dorf bestand aus etwa einem Dutzend Hütten, die Bewohner aus 700 bis 800 Ruderern oder Arbeitern, die Herden aus circa 30 Rindern und mehr als 100 Schafen, die von Fleischern mitgeführt wurden.

Im ersten Augenblick glaubte ich, das seien Einwohner irgendeiner zerstörten Stadt, die mit Sack und Pack

[33] 1611–1675 General unter Ludwig XIV. in den Pfälzischen Erbfolgekriegen.

auswandern wollten. Aber der Kapitän erklärte mir, es sei ein Floß, das lediglich Eichen- und Tannenholz von Mainz nach Dordrecht transportiere.

Da es gerade sechs Uhr abends war, das heißt, die Stunde des Abendessens, bot sich uns bald ein neues Schauspiel. Schlag sechs Uhr ließ der Steuermann des Floßes einen Aufruf ertönen. Ein großer Korb wurde am Ende einer Stange hochgezogen. Das war scheinbar das Zeichen, zur Mahlzeit zu kommen. Jeder verließ seine Arbeitsstelle mit Ausnahme des Steuermanns und einem Dutzend Männer, welche mit Hilfe von langen Stangen fortfuhren, die gewaltige Masse zu steuern. Jeder lief mit einem Napf in der Hand zu einem riesigen Dampfkessel, der wohl 800 bis 900 Portionen Suppe enthielt. Wir wünschten ihnen guten Appetit.

Ein Riesenfloß mit Rolandseck und Drachenfels

Man stelle sich nur einmal vor, was diese ganze Ansammlung, die man Riesenfloß nennt, bedeutet. Dann kann man sich ausrechnen, wieviel die Floßbelegschaft während der Fahrstrecke auf dem Rhein an Alltagskost verbraucht: 45 bis 50 000 Pfund Brot, 18 bis 20 000 Pfund Frischfleisch, 8 bis 10 Zentner geräuchertes Fleisch, 10 bis 12 000 Pfund Käse, 10 bis 15 Zentner Butter, 30 bis 40 Sack Hülsenfrüchte, 500 bis 600 Maß Bier, 8 bis 10 Fuder Wein[34].

Man muß schon ein gewandter Steuermann sein, um solch eine Masse an all den Krümmungen, Felsen und Strudeln des Rheins vorbeizulenken. Manchmal passiert es auch, daß einzelne Teile des Floßes sich loslösen oder sogar, daß es ganz versinkt. Deshalb sind die Bewohner der Rheinufer auch der Meinung, ein Floßbesitzer müsse drei verschiedene Kapitalanlagen haben, eine auf dem Wasser, die andere auf dem Land und eine dritte in seiner Tasche. Tatsächlich kostet ein auf dem Fluß schwimmendes Floß seinen Besitzer 350[35]–400 Gulden, das ist mehr als eine Million in unserem Geld.

Den Namen eines Schiffers hat man wie den eines berühmten Mannes im Gedächtnis bewahrt. Er lenkte mehr als fünfzig dieser Riesenflöße von Mainz nach Dordrecht, und es soll ihm nicht ein einziger Unfall passiert sein. Man nannte ihn »Jung[36] von Rüdesheim«.

Wir folgten dem Floß noch einige Zeit mit den Augen. Aber auf der Höhe von **Neuwied** fesselte meine Auf-

---

34 Alle diese Angaben hat Dumas dem »Handbuch für Reisende am Rhein« von Aloys Schreiber, 1831, entnommen.

35 Bei Dumas 550 = Druckfehler!.

36 Bei Dumas fälschlicherweise »Zung«.

Grabmal des General Hoche mit Anblick von Neuwied und Weißenthurm

merksamkeit ein ganz und gar französisches Denkmal auf der linken Rheinseite. Es ist die von der Armee Sambre-et-Meuse zu Ehren von General Hoche errichtete Pyramide. Genau an diesem Punkt überquerte die Armee am 18. April 1797 den Rhein. Zufällig war das gerade die Stelle, an der Cäsar achtzehn Jahrhunderte zuvor den Rhein überschritt, im Jahr von Rom 699[37].

Da der Rhein zwischen Neuwied und Koblenz nichts Erwähnenswertes zu bieten hat, wurde diese Fahrstrecke in die hereinbrechende Dämmerung gelegt.

---

[37] Nach der Legende wurde Rom 753 gegründet. 699 bedeutet 54 Jahre später nach christlicher Zeitrechnung. Cäsar überquerte den Rhein 52 vor Christus.

Koblenz

Gegen neun Uhr kamen wir in Koblenz an. Wir stiegen im Hotel Drei Brüder[38] ab, um weiterhin die Aussicht auf den Rhein zu haben. Da ich von meinem Fenster aus eine sehr schöne Brücke erblickt hatte, wollte ich eine halbe Stunde nach meiner Ankunft noch einen Spaziergang dorthin unternehmen. Beim ersten Schritt jedoch, den ich auf die Straße setzte, ließ sich das »Wer da?« eines Wachpostens vernehmen. Der Sprache König Friedrich Wilhelms nicht mächtig genug, um mich in einen Wortwechsel mit einem preußischen Soldaten einzulassen, der als der wortkargste der Welt gilt, hielt ich es für gescheiter, umzukehren. Ich verschob das Vergnügen der Brückenbesichtigung auf den nächsten Tag. Denn so herrlich diese Brücke auch war, eine Gewehrkugel schien sie mir nun doch nicht wert zu sein.

Als ich anderntags von meinem Zimmer herunterkam, traf ich im Aufenthaltsraum einen französischen Bankier namens Leroy[39]. Dieser hatte von meiner Ankunft erfahren und stellte sich mir sehr liebenswürdig für den ganzen Tag zur Verfügung. Dankbar nahm ich sein Angebot an. Wir frühstückten und machten uns auf den Weg.

Die berühmte Brücke[40], auf die ich mich am Abend zuvor ohne die Kontrolle des Wachpostens begeben hätte, führt nach Ehrenbreitstein. Dieser Ort liegt an einer hübschen Allee, auf der man die Emser Wasser erreicht. Am Ende der Brücke findet man auf der linken Seite eine gute Straße zur Zitadelle hinauf.

---

38 Das Hotel am Rhein hieß Drei Schweizer.

39 Delkeskamp erwähnt einen Leroi, der in Koblenz die Eiljachten auf dem Rhein betrieb.

40 Nach Schreiber seit 1819 eine, auf 36 Schiffen ruhende, Schiffsbrücke. Sie bestand bis 1945!

Ehrenbreitstein mit Schiffsbrücke

Die Zitadelle hat ihre eigene Geschichte. Als das von Julianus erbaute Kastell Ehrenbreitstein anfing zu verfallen, wurde es 1153 vom Erzbischof Hillinus restauriert. Später fügte der Kurfürst Johann, Markgraf von Baden, neue Befestigungen hinzu und ließ einen Brunnen von 580 Fuß[41] Tiefe graben.

Im September 1795 riegelte Marceau[42] Ehrenbreitstein einen Monat lang ab. 1797 belagerte General Hoche nach der Rheinüberquerung bei Neuwied seinerseits erfolglos die Feste. Nach der Ermordung der französischen Bevollmächtigten in Rastatt schließlich erschien unvermutet ein Korps französischer Truppen vor der Festung, so daß die Belagerten keine Zeit mehr hatten, Lebensmittel-

[41] Bei Schreiber 280 Fuß, die, da sie nicht bis zum Rheinwasser reichten, um weitere 300 Fuß verlängert werden mußten.

[42] Französischer General von 1769–1796.

vorräte einzulagern. Nach einiger Zeit bekamen sie diesen Mangel zu spüren. Bald war die Hungersnot so groß, daß man für eine Katze 4 Franken zahlte, für ein Pfund Pferdefleisch 40 Sous und für eine Ratte 15 Kreutzer. Oberst Faber übergab am 27. 1. 1799 schließlich die Festung, nachdem er sechs Wochen durchgehalten hatte.

Die Franzosen, die zweimal zuvor die Festung erfolglos belagert hatten, erkannten, kaum waren sie die Herren auf Ehrenbreitstein, was ein solcher Standort wert war. Sie setzten nicht nur die schon bestehenden Befestigungsanlagen wieder in Stand, sie bauten dazu noch neue. Als sie diese fast vollendet hatten, kam der Friede von Lunéville[43]. Eine in ihren Augen so bedeutende Festung wollten sie aber auf keinen Fall zum Vorteil einer feindlichen Macht stehenlassen. Also legten sie Minen. Nach einigen Tagen war Ehrenbreitstein vollkommen geschleift.

Die Preußen halten auf Ordnung. Als ihnen 1814 Koblenz zurückgegeben wurde, rückten sie mit einem Kostenverzeichnis heraus, das sie Ludwig XVIII. vorlegten. Getreu nach dem Sprichwort: »Wer die Gläser zerschlägt, bezahlt sie auch«, sollten wir Franzosen die Kosten der Rekonstruktion übernehmen. Nachdem es für sie kostenlos war, verfuhren die Preußen ihrerseits im großen Stil. Es endete damit, daß Ehrenbreitstein nach Plänen von Montalembert[44] und Carnot[45] wieder aufgebaut wurde und heute als Meisterwerk einer modernen Befestigungsanlage gilt. Uns muß es doch ungemein schmeicheln, daß

---

43 Friede von Lunéville am 9. 2. 1801: Das linke Rheinufer mit allen Gebieten an Frankreich, das rechte dafür an Österreich und Deutschland zurück.

44 Marquis Marc René Montalembert, gest. 1814, Vorreiter moderner Verteidigungsanlagen.

45 Meister moderner Befestigungsanlagen.

diese Festung von unserem Geld und nach den Plänen zweier Franzosen wiedererrichtet wurde.

Unser Ausweis[46] öffnete uns die Türen, und wir gelangten auf die Aussichtsplattform, die hoch über dem Rhein, der Stadt und der ganzen Umgebung liegt. Von dort aus bietet sich einer der herrlichsten Rundblicke, den man sich vorstellen kann.

Auf der linken Seite sieht man gerade noch das Dorf Oberwerth, das dem Grafen Staffendorf gehört. Läßt man alsdann das Auge von links nach rechts wandern, so verweilt es zunächst bei der Alexanderfeste, dann auf der Stadt mit ihren Baudenkmälern, der kurfürstlichen Residenz, dem Palais Metternich, dem Winneburgischen Hof, dem Geburtsort Metternichs, der Liebfrauenkirche mit ihren beiden gelben Glockentürmen; St. Kastor, dessen Gründung eine Volkssage Ludwig dem Frommen zuschreibt, dem Deutschordenshaus[47], dessen erster Großmeister Wallpot von Bassenheim war, und schließlich der Mosel, jenem bedauernswerten Mädchen Frankreichs, da mit dem Ausland verbunden. Über diese Tatsache kann auch die herrliche Brücke[48] nicht hinwegtrösten, die ihr alter Ehegemahl ihr als Krone aufsetzte. Dann die Feste des Kaisers Franz, von welchem sich ein paar Schritte entfernt das Grabmal General Marceaus erhebt. Danach, zwischen dem Grabmal und der Ortschaft St. Sebastian, inmitten eines Pappelhains, das Palais, in das sich die Prinzen Frankreichs im Jahre 1792 zurückzogen[49]. Ganz rechts schließlich Sain und Neuwied, wo bekanntlich Hoche den Rhein überquerte.

Gegenüber, im Bergland von Rübenach, wo der Herzog

46 Nach Schreiber mußten Fremde zur Besichtigung der Festung eine Einlaßkarte vom Kommandeur haben.

47 Das erste Deutschordenshaus am Rhein entstand 1216 in Koblenz.

48 Balduinsbrücke, 1334.

49 Schloß Schönbornslust (Baedeker 1849).

von Brunswick[50] seine berühmte Erklärung abgab, erhebt sich das Dorf Metternich, Stammsitz und Eigentum der Familie des ersten Ministers am Wiener Hof. Er trug wie seine Familie den Namen »Metter«, bevor an diesem ein »nicht«[51] angefügt wurde. Folgendermaßen erklärt man sich in Österreich die Hinzufügung dieses Einsilbers: Im 15. Jahrhundert lieferte sich ein deutscher Kaiser eine große Schlacht. Dabei beobachtete er mit eigenen Augen, daß ein ganzes Regiment floh, außer einem einzigen Mann, der blieb und sich verteidigte, bis er unter der erdrückenden Zahl der Gegner fiel. Der Kaiser erkundigte sich nach dem Namen dieses Tapferen: Er hieß Metter.

Beim Abendessen sagte der Kaiser, als er über das Regiment sprach: *Sie sind alle geflohen, nur Metter nicht.*

Mit der angenehmsten Seite der Festung hatte ich begonnen. Nun blieb mir noch, sie zu besichtigen. Der preußische Offizier hatte mir einen Gefreiten zugestellt mit der ausdrücklichen Weisung, keinesfalls die zweite Verteidigungsmauer (nach der ersten) auszulassen. Ich war gezwungen, mir alles anzusehen, von den Kasematten bis zu den Pecherkern. Als dann alles besichtigt war, nach einer Stunde Auf- und Abstieg zwischen Arsenalen, Magazinen, Kasernen, Plattformen, Machikulis, Gräben und Ausfalltoren, war der Gefreite ehrlich verzweifelt, mir nicht die Greif[52] zeigen zu können. Er meinte

---

[50] Karl W. F. v. Brunswick (1735–1806) verlor als österreichisch-preußischer General in Jena und Auerstedt und wich mit seinem ausgebildeten preußischen Heer vor einem Französischen »Volksheer« zurück.

[51] Dumas schreibt »nicht« statt »nich«.

[52] Große Bronze-Kanone, die die Deutschen Vogel Greif, die Franzosen *la griffon* nannten. Sie war nie im Einsatz, aber als edel verzierte Schmuckkanone ein Streitobjekt zwischen Deutschland und Frankreich: 1801 wurde sie nach Metz, später in den Invalidendom geschafft. 1941 holte Hitler sie nach Ehrenbreitstein zurück. 1945 wurde sie wieder nach Paris gebracht, François Mitterand gab sie an Ehrenbreitstein zurück.

damit eine große Kanone von 200 Zentnern, die Kugeln von 160 Pfund abfeuern konnte. Diese Riesin hatte man jedoch nach Metz abtransportiert. Als die Preußen sie zurückforderten, hatte man ihnen gesagt, sie sei bereits in einzelne Stücke zersägt worden. Um ihn zu trösten, versicherte ich ihm, daß ich ungemein zufrieden gewesen sei mit dem, was ich gesehen hätte. Ich stieg wieder in den Wagen, nun genauestens über die Anzahl Schrotkörner unterrichtet, die eine 48er Patrone enthält. Es war meine eigene Schuld. Warum hatte ich mich in eine Festung begeben?

Aus der Aufmerksamkeit, mit der ich den Details meines Führers gefolgt war, hatte mein Gefährte, Herr Leroy, gefolgert, ich wäre begeistert von all diesen Kriegsgegenständen. Beim Hinunterfahren von der Zitadelle schlug er mir daher vor, wenn es mir Spaß mache, könne ich noch die Festungen von Kaiser Alexander und Kaiser Franz besichtigen. Aber da bedankte ich mich: Für lange Zeit war ich von Verteidigungswällen kuriert.

Wir fuhren wieder über die Brücke und kehrten in die Stadt zurück. Um mich von all der Militärarchitektur zu erholen, begab ich mich zur Kirche St. Kastor. Der Name ihres Gründers, Ludwig des Frommen, lockte mich an. Zunächst schreckte mich ein neuzeitliches Portal[53] ab. Doch bei näherer Betrachtung offenbarte sich mir fast noch vollkommen die alte Basilika[54], wo 860 die berühmte Synode im Beisein von drei Königen und elf Bischöfen stattgefunden hatte[55]. Ermutigt durch das äußere Erscheinungsbild der Kirche, betrat ich nun das Innere. Dort entdeckte ich das Grabmal der hl. Rizza[56], der Tochter Ludwig des Frommen. Die hl. Rizza mag als Heilige in Paris vielleicht kaum bekannt sein. In Koblenz jedenfalls wird sie sehr verehrt, hat sich doch bei ihr die Gnade des Herrn tatsächlich auf eine klar erkennbare Weise offenbart.

Die tugendhafte Heilige wohnte in Ehrenbreitstein. Der von ihrem Vater gegründeten Kirche St. Kastor war sie besonders zugetan. Dorthin kam sie jeden Morgen, um zu beten. Damals gab es aber noch nicht jene schöne Brücke, welche bei Mondschein anzuschauen mir der preußische Wachposten verwehrt hatte. Aber die heilige Rizza hatte dank des glühenden Glaubens, der sie beflügelte, ein Mittel gefunden, ohne sie auszukommen: Sie wandelte auf dem Wasser, so wie es dem heiligen Petrus gelungen wäre, hätte er nur so geglaubt wie sie. Auf diese Weise überquerte sie vor aller Augen den Fluß, der sich damit zufrieden gab, ihr die Fußsohlen zu befeuchten. Zwei oder drei Jahre lang vollführte die heilige Rizza tagtäglich dies Wunder der Flußüberquerung, immer mit gleichem Erfolg. Eines Morgens jedoch fand sie den Fluß durch ein nächtliches Gewitter stark angeschwollen. Niemals zuvor war ihr die Strömung so schnell und so reißend vorgekommen. Da bemächtigte sich ihrer eine nie gekannte Angst. Anstatt sich mit dem gewohnten

[53] Das alte Portal wurde 1805 gegen ein neo-romanisches getauscht.
[54] Sie wurde 836 gegründet.
[55] Dumas übernimmt die Stelle wörtlich von Schreiber, Datum 806 ist dort Druckfehler.
[56] Bei Dumas fälschlich St. Ritza.

Gottvertrauen auf den Weg zu machen und sich allein auf ihren Glauben zu verlassen, ging sie zu einem Weinberg und besorgte sich einen Stock als Halt. Kaum hatte sie einige Schritte auf dem Fluß gemacht, spürte sie, wie sie ständig mehr und mehr einsank. Das beunruhigte sie sehr, denn sie konnte nicht schwimmen. Da kehrte zum Glück ihr alter Glaube zurück. Den verwünschten Stock schleuderte sie weit von sich, denn sie erkannte, wie unnötig er gewesen war. Nun schob der Fluß sie wieder sanft an seine Oberfläche. Sie erreichte das andere Ufer, ohne daß ihre Kleider auch nur im geringsten naß geworden wären. Nach einem solchen Wunder, das wird man erraten, wurde Rizza ohne Widerspruch heiliggesprochen.

St. Kastor seinerseits hat ein ebenso verdienstvolles Wunder anderer Art vollbracht. 1688 belagerte Ludwig XIV. höchstpersönlich mit seinem Marschall von Boufflers Koblenz. Er beauftragte Vauban mit der Leitung der Vorbereitungen für den Angriff. Vauban bewerkstelligte diese mit der ihm gemäßen Schnelligkeit. Als der bekannterweise stets ungeduldige König nach wenigen Tagen die Beschießung der wichtigsten Gebäude befahl, sah er zu seinem großen Erstaunen, wie auf St. Kastor eine weiße Fahne mit den bourbonischen Lilien gehißt wurde. Er ließ fragen, was diese Fahne bedeute. Man gab ihm zur Antwort, daß St. Kastor sich seit der Gründung durch Ludwig den Frommen als französische Kirche empfinde und sich deshalb unter seinen Schutz stelle. Ludwig XIV. erkannte, daß die Belagerung, die im übrigen von seinen Generälen als unnötig angesehen wurde, sich sehr in die Länge ziehen würde. So nutzte er diese Gelegenheit, seine Großmut zu beweisen. Er hob die Belagerung mit der Begründung auf, er wolle eine Kirche, die von einem seiner Vorfahren gegründet worden sei, nicht den Verwüstungen einer längeren Belagerung aussetzen. Diese Begründung war geschichtlich nicht fundiert. Da sie aber den Koblenzern sehr gelegen kam, forschten sie nicht allzu gewissenhaft in der Stammeskunde.

Nachdem wir St. Kastor verlassen hatten, überquerten wir einen Platz, auf dem sich ein Brunnen mit doppelter Inschrift befindet: Er wurde 1812 errichtet, als eines der tausend Werke, die zur gleichen Zeit der kaiserliche (Bauminister) Briaré mit Hilfe seiner dreihundert Arme ausführte. Als er vollendet war, ließ der Gouverneur des Departements Rhein-Mosel den folgenden Vierzeiler eingravieren:

AN 1812,
remarquable par la campagne contre les Russes,
sous la préfecture de
Jules Dauzan.[57]

Am 1. Januar 1814 besetzten die russischen Truppen Koblenz. Als ihr General[58] den noch ganz neuen Gedenkbrunnen mit der gerade erst vollendeten Inschrift sah, schrieb er unter diese:

Vu et approuvé par nous,
commandant russe de la ville de Coblence.
1er janvier 1814[59].

Dieser Scherz war für einen Kosaken erstaunlich gut. In Wahrheit handelte es sich bei diesem Kosaken jedoch um einen Franzosen, der in russische Dienste getreten war.

---

57 Die Originalinschrift lautet: *An MDCCCXII; Mémorable par la campagne contre les Russes sous le Préfectura de Jules Doazan*, was heißt: Im Jahre 1812, bedeutend durch den Rußlandfeldzug, unter der Präfektur von Jules Doazan.

58 Er hieß St. Priest (Baedeker 1849).

59 »Von uns gesehen und genehmigt, der russische Kommandant der Stadt Koblenz, 1. Januar 1814.«

Wir überquerten die Mosel auf der schönsten Brücke weit und breit[60]. Eine Straße, die von der Schweiz nach Holland führt und ein Werk Napoleons ist, führte uns geradewegs zum Grabmal von Marceau.

Im Originaltext läßt Dumas im Hinblick auf seine französischen Leser nun ein ganzes Kapitel über General Marceau folgen, das wir überspringen. François Séverin Marceau (1769–1796) tat sich mit den Revolutionstruppen, erst bei den Kämpfen in der Vendée, dann im 1. Rußlandfeldzug hervor. Er fiel 1796 bei Altenkirchen. Er wurde wegen seiner Menschlichkeit gerühmt.

[60] Balduinsbrücke, 1334.

St. Goar

Um sechs Uhr morgens rief uns die Schiffsglocke an Bord. Unterwegs traf ich Herrn Leroy, der schon aufgestanden war. In seiner Eigenschaft als Schiffseigner, der sich um alles kümmert, wollte er uns höchstpersönlich dem Kapitän empfehlen. Er trug ihm auf, uns die Schaluppe zur Verfügung zu stellen, sollten wir Lust verspüren, an einem Ort auszusteigen, wo sich keine Anlegestelle befände. Außerdem brachte er mir ein hübsches Album mit allen Rheinansichten mit. Er bat mich, es als Andenken an das schöne Land, das ich gerade bereiste, mitzunehmen.

Meine beiden Engländer hatte ich verloren: Vermutlich waren sie zu dieser Stunde schon in Mainz. Denn, statt wie ich, in Koblenz auszusteigen, waren sie weitergefahren, angetrieben von dem Wunsche nachzusehen, in welchem Zustand sich das Grabmal dieser guten Mylady befand. Aber dafür hatte ich die beiden holländischen Verlobten wiedergetroffen. Für jedermann sichtbar, standen sie Händchen haltend verliebt auf der Brücke. Sie hatten ihre Wallfahrt nach Rolandseck absolviert und waren mit noch größerer Zuneigung füreinander zurückgekommen. Das zumindest sagte mir der lüsterne Blick des Bräutigams, während die Braut den Kopf senkte und sich alle Mühe gab, rot zu werden.

Verläßt man Koblenz, so erblickt man zur Rechten, folglich auf der linken Flußseite, eine der schönsten Burgruinen am Rheinufer: Es ist Burg **Stolzenfels**. Diese Ruine, die der Stadt Koblenz gehörte, wurde fast zwei Jahre lang für zehn Louis d'or zum Kauf angeboten, ohne daß jedoch irgendein Reisender Lust bekommen hätte, sie zu kaufen. Da entschloß sich der Gemeinderat, sie dem Kronprinzen zum Geschenk zu machen[61]. Da der Kronprinz sehr künstlerisch veranlagt ist und viel Geschmack hat, wußte er das Geschenk zu würdigen. Er ließ die Burg restaurieren und den schönsten Saal in gotischem Stil ausstatten. Er engagierte einen Wachposten mit der Befugnis, Ausländern die Burg zu zeigen. Seitdem haben Engländer Kaufangebote bis zu 1000 Pfund Sterling gemacht.

Burg Stolzenfels

Gegenüber liegt Burg **Lahneck**, hoch über der Mündung des Flüßchen gleichen Namens. Ein wenig weiter die Stadt **Oberlahnstein**, die mit ihren trutzigen Türmen einer Stadt aus dem Mittelalter gleicht.

Bald befindet man sich auf der Höhe des Städtchens **Rhens**, wo sich einst der berühmte **Königsstuhl** be-

---

61 1823 Schenkung an den preußischen Kronprinzen Friedrich Wilhelm, der sie ab 1836 von Schinkel neugotisch restaurieren ließ.

Königsstuhl bei Rhens

fand. Er wurde 1802 von den Franzosen zerstört. Seinen Platz kann man von der Mitte des Rheins aus nur noch an vier Quadern mittlerer Größe, ungefähr 400 Schritt unterhalb der Stadt, erkennen: Auf diesem Königsstuhl versammelten sich die Kurfürsten, um sich über Belange Deutschlands zu beraten. Er wurde an dieser Stelle errichtet, weil hier vier Länder von vier Kurfürsten zusammenliefen wie die Strahlen eines Sterns. Oben von ihren Sitzen konnte man gleichzeitig vier Städtchen sehen: Lahnstein auf Mainzer, Kapellen auf Trierer, Rhens auf Kölner Gebiet und schließlich Braubach als Pfälzer Lehen. Gegenüber, auf der anderen Rheinseite, befindet sich die kleine Kapelle[62], wo im Jahre 1400 die Kurfürsten nach ihrer Beratung auf dem Königsstuhl König Wenzcslaus für abgesetzt erklärten.

---

[62] Martinskapelle, 9. Jahrhundert.

Kaum hat man Zeit gehabt, einen Blick auf die Ruine des Königsstuhls und die mit jenem historischen Ereignis verbundene Kapelle zu werfen, so befindet man sich schon auf Höhe der Marksburg, Eigentum des Herzogs von Nassau. Sie ist eine sehr gut erhaltene Burg aus dem Mittelalter und dient heute als äußerst malerisches Gefängnis. Als wir vorbeifuhren, befand sich dort neben anderen Staatsgefangenen auch ein Namensvetter von Herrn Metternich. Dieser hatte bei den Unruhen vom 5. Juni, die bekanntlich in Frankfurt großen Widerhall fanden, die Idee, auf dem Johannisberg die Nationalflagge zu hissen. Der junge Mann hatte Pech, denn wahrscheinlich war es am Rhein zu dieser Stunde gerade neblig, so daß die Fahne nur von preußischen Spionen gesehen wurde. Die nahmen ihn fest und brachten ihn auf die Marksburg. Da kann er zu seinem Ergötzen die Marterwerkzeuge studieren, die man dort, glücklicherweise nur als Kuriosität, aufbewahrt. Man kann die Burg besichtigen. Aber um dazu die Erlaubnis zu erhalten, bedarf es eines Führungszeugnisses, ausgestellt von der Heiligen Allianz. Da ich mich mit diesem wichtigen Papier nicht ausgestattet hatte, war ich zu meinem großen Bedauern gezwungen, vorbeizufahren. An der gleichen Rheinseite werden, einige Meilen bergaufwärts, die Trauben geerntet, aus denen man den berühmten Wein Liebfrauenmilch keltert.

Bald schon entschwand das herrliche Schloßgefängnis unseren Blicken, denn der Rhein vollführt von der

Marksburg nach Boppard seine heftigste Windung. Am äußersten Ende dieser Krümmung liegt das Städtchen **Boppard**, das antike Bodogriga[63] der Römer. Es entstand auf den Fundamenten einer Drusus-Festung. 1512 wurde Heinrich VII. hier geboren.

Von Boppard aus erkennt man hoch oben auf zwei benachbarten Bergen die Burgen der **Feindlichen Brüder**[64].

Die Burgen Sterrenberg und Liebenstein

Es sind die ältesten Burgen am Rhein, denn sie sollen schon im 13. Jahrhundert entstanden sein.

Bewohnt waren sie von Zwillingsbrüdern, die sich so ähnelten, daß sie sogar manchmal von ihren eigenen Eltern verwechselt wurden. Bis zum Alter von 25 Jahren waren sie sich in allem einig. Aber dann verliebten sich beide in die

---

63 Bei Dumas fälschlich Baudobriga.

64 Es handelt sich um die Burg Sterrenberg, 12. Jahrhundert, und Liebenstein, 13. Jahrhundert.

gleiche Frau, und Zwietracht machte sich zwischen ihnen breit. Da keiner von beiden auf sie verzichten wollte, kamen sie schließlich zu dem Entschluß, ein Zweikampf mit der Waffe müsse entscheiden. Als dies die Dame ihrer Herzen erfuhr, eilte sie herbei, um eine friedliche Lösung zu erreichen. Aber man sagte ihr, die beiden Brüder ritten gerade ins Tal. Sie ließ sich den Weg zeigen und folgte ihnen. Schon auf der Hälfte des Abstiegs vernahm sie das Klirren ihrer Schwerter. Sie verdoppelte ihre Schritte, aber so sehr sie sich auch beeilte, sie kam zu spät. Als sie das Kampffeld erreichte, fand sie die unglücklichen Brüder einen auf dem anderen liegend wie Eteokles und Polyneikes[65]. Aus Verzweiflung darüber, die Ursache zu dem doppelten Brudermord gewesen zu sein, zog sie sich in das Kloster Marienberg, das man oberhalb von Boppard erblickt, zurück, wo sie als Nonne starb. Die Burgen der beiden Brüder aber blieben von diesem Tage an unbewohnt.

St. Goar ist nicht nur eine Schiffsanlegestelle, sondern auch ein Wallfahrtsort. Einst bewachte eine stolze Burg die Stadt, aber 1794 sprengten wir (die Franzosen) ihre Mauern. Ein Gastwirt ist in die Bresche gesprungen und hat dort eine Herberge erbaut.

Der alte Heilige, der der Stadt seinen Namen gab, hat beim Durchzug der Franzosen ebenfalls materielle Einbußen erlitten, sein geistiger Einfluß jedoch ist auch im 19. Jahrhundert noch spürbar.

Nun soll berichtet werden, wie sich der heilige Goar diese Hochachtung erwarb, mit der noch heute von Straßburg bis Nymwegen über ihn gesprochen wird.

St. Goar war ein Zeitgenosse Karls des Großen und unterstützte folglich seinen großen Kaiser im Kampf gegen die Ungläubigen. Lange Zeit bedauerte es der Heilige bitterlich,

---

65 Zwillingssöhne von Ödipus und Iocaste, töteten sich beim Streit um den Thron von Theben im Zweikampf.

daß er dem Sohn von Pipin lediglich durch seine Gebete helfen konnte. St. Goar war nicht nur Eremit, er war auch Fährmann. Als er, darüber nachgrübelnd, gerade dabei war, einen Reisenden, der ihm Zeichen gegeben hatte, vom rechten Rheinufer herüberzuholen, kam ihm ein Gedanke, der ihm wie eine Eingebung des Himmels erschien. Er beschloß, ihn sofort in die Tat umzusetzen.

Und wirklich, kaum befand sich St. Goar mit dem Reisenden in der Mitte des Rheins – wo der Fluß am tiefsten und die Strömung am stärksten ist –, da hörte er plötzlich auf zu rudern. Er fragte seinen Passagier, an was er glaube. Nachdem er erfahren hatte, daß er es mit einem Ungläubigen zu tun hatte, verließ er sein Ruder, warf sich auf ihn und taufte ihn mit dem Kreuzzeichen, im Namen des Vaters, des Sohnes und des Heiligen Geistes. Aus Angst, daß eine solchermaßen ausgeführte Taufe ihre Gültigkeit verlieren könne, warf er gleich danach den frisch Bekehrten in den Fluß. Dieser beförderte ihn schnurstracks ins Paradies. In der gleichen Nacht erschien die Seele des Ertrunkenen dem heiligen Goar. Anstatt ihm Vorwürfe zu machen ob der ein wenig brutalen Art, mit der er sie ins Jenseits befördert habe, bedankte sie sich bei ihm, daß er ihr die ewige Glückseligkeit verschafft habe. Mehr war dem Heiligen nicht nötig, um, mit den ihm zu Gebote stehenden natürlichen Mitteln, diese neue Art der Bekehrung weiterzuverfolgen. Von da an gab es wirklich kaum noch Tage, an denen nicht eine neue Bekehrung verzeichnet worden wäre. Wenn St. Goar es dagegen mit einem Christen zu tun hatte, genügte es ihm nicht, ihn über den Rhein zu setzen. Er führte ihn zu seiner Eremitage. Dort teilte er mit ihm die Gaben, die die frommen Gläubigen dort anhäuften. An ihrer stündlich wachsenden Freigebigkeit konnte man mit bloßem Auge erkennen, wie das Ansehen des Heiligen größer und größer wurde.

Auch Karl der Große hörte von diesem großen Ansehen. Er als Sachkenner schätzte das Mittel, das St. Goar zur Bekehrung anwandte. Er beschloß, einen so wichtigen Hilfsgenossen nicht ohne Belohnung zu lassen. Also erschien er wie ein gewöhnlicher Fremder, um sich übersetzen zu lassen. Nachdem er das gebräuchliche Zeichen gemacht hatte, sah er den guten Eremiten auf sich zukommen. Aber sein Wunsch, den Fluß inkognito zu überqueren, erfüllte sich nicht. Denn Gott hatte seinem Antlitz eine solch majestätische Würde aufgeprägt, daß St. Goar ihn schon erkannte, ehe er einen Fuß in die Barke gesetzt hatte.

Ein solcher Besuch mußte Spuren hinterlassen. Angekommen am anderen Ufer, trank Karl der Große von einem einfachen Wein, der ihm schmeckte. Er erkundigte sich nach dem Weinberg. Als er hörte, der sei zu verkaufen, kaufte er ihn und machte ihn dem Eremiten zum Geschenk mit dem Versprechen, ihm zusätzlich noch ein Faß und ein Halsband zu schicken.

Tatsächlich erhielt der heilige Goar einige Wochen nach dem Besuch des Kaisers die beiden versprochenen Dinge. Sie waren beide vom Zauberer Merlin gemacht und hatten jeweils eine besondere Eigenschaft. Das Faß war, ganz im Gegensatz zu dem der Danaiden, immer voll, vorausgesetzt man füllte den Wein durch den Zapfhahn ab. Mit dem Halsband hatte es eine andere Bewandtnis.

Beim vertraulichen Gespräch hatte der heilige Goar sich bei Karl dem Großen über die Hinterhältigkeit der Ungläubigen beschwert. Jetzt, da sie von den Gepflogenheiten des Heiligen wüßten, würden sie, anstatt ihren Unglauben zu gestehen, einfach behaupten, sie seien Christen. Unter diesem Deckmantel geschützt, überquerten sie den Fluß, tränken, am anderen Ufer angekommen, seinen Wein und verschwanden, indem sie sich über ihn lustig machten. Dafür gebe es kein Hilfsmittel, denn ein Ungläubiger, der das Kreuzzeichen mache, sei von einem Christen nicht zu unterscheiden.

Diesem Mißstand, so hatte Kaiser Karl versprochen, werde er sich gesondert annehmen. Um sein Versprechen zu halten, schickte er nun das von Merlin präparierte Halsband.

In der Tat hatte das Halsband eine ganz besondere Eigenschaft. Kaum hatte es die Haut berührt, so wußte es schon Bescheid. War es ein Christ, so geschah ihm nichts – ruhig ließ es den Wein vom Mund in den Magen fließen. Handelte es sich um einen Ungläubigen, so schnürte es sich augenblicklich auf die Hälfte zusammen, so daß der Trinkende das

Glas fallen ließ, die Zunge herausstreckte und die Augen verdrehte. St. Goar, der mit einer Tasse voll Wasser neben ihm stand, taufte ihn hurtig, und die Sache verlief wie immer. Faß wie Halsband waren zwei unschätzbare Geschenke, da sie sich in ihrer Wirkung auch noch ergänzten.

Der heilige Goar kannte genau den Wert dieser Gaben. Nicht nur, daß er sie selbst sein ganzes Leben lang benutzte, sondern er trug seinen Mönchen, die noch zu seinen Lebzeiten ein Kloster gegründet hatten und sich um ihn, als dessen Prior, versammelten, auf, die Geschenke auch nach seinem Tod zu gebrauchen. Die Mönche beherzigten dies. Halsband wie Wunderfaß überstanden die Jahrhunderte und bewahrten ihre Fähigkeiten.

Leider besetzten die Franzosen 1794 so überraschend St. Goar, daß die Mönche keine Zeit mehr fanden, ihr Faß in Sicherheit zu bringen. Als die Sieger ins Kloster kamen, war ihr erstes Bestreben, in den Keller hinabzusteigen. Da ihnen, angesichts ihres Durstes, durch einen einzigen Hahn der Wein zu spärlich floß, griffen sie zu dem bewährten Hilfsmittel in ähnlichen Fällen: Sie gaben drei oder vier Pistolenschüsse auf das glückverheißende Faß ab, ohne sich die Mühe zu machen, die durch die Kugeln entstandenen Löcher zu stopfen. Am Abend war das Regiment betrunken. Aber das Faß, dessen Zauber zerstört war, war für immer leer.

Die Halskette hatte sich der Tambourmajor genommen, um daraus seinem Pudel ein Halsband zu machen. Kunstliebhaber können es, so wie es 1809 noch aussah, auf dem hübschen Bild von Horace Vernet[66] sehen, das den Titel trägt: Der Hund des Regiments. Aber seit 1812 weiß man nichts mehr von ihm. Der arme Pudel ist nämlich mit seinem Herrn beim Rückzug aus Rußland erfroren.

---

66 Französischer Militär-, Porträt- und Genremaler, 1789–1863.

Die Loreley

Trotz seines Ansehens hat der heilige Goar einen furchtbaren Nachbarn beziehungsweise eine furchteinflößende Nachbarin. Es ist die Fee Lore, die ihren Namen einem ungeheuer steilen Felsen gegeben hat, den man kurz nach der Burg Katz erreicht – die Loreley. Abgesehen von der poesievollen Sage, die mit ihr verknüpft ist, sprach man seit Koblenz von dieser Stelle als der eindrucksvollsten für die Reisenden im ganzen Flußlauf. Auch die gleichgültigsten Passagiere stiegen nun auf die Brücke, um die Durchfahrt an diesem Ort mitzuerleben. Bei der ganzen Schiffsbesatzung machte sich die gleiche Erregung breit, die man auch auf der Rhône feststellt, sobald man sich der Brücke von Avignon[67] nähert. In der Tat verengt und verdunkelt sich hier der Rhein. Die Strömung wird stärker. Denn auf eine Länge von 500 Schritt

Der Loreleyfelsen

[67] Bei Dumas *le pont St. Esprit.*

haben seine Wasser ein Gefälle von fünf Fuß. Dann erhebt sich die Loreley wie ein düsteres Vorgebirge. Aus dem Fluß sieht man die Spitzen von Felsen herausragen, die von seinen Seiten heruntergerollt sind und diese Stelle mit Klippen übersäen. Auf dem Gipfel dieses Gebirges saß die Fee Lore…

Hier folgt bei Dumas die Loreley-Sage, die wegen ihrer etwas eintönigen Länge weggelassen wird.

Dem folgenden Kapitel hat Dumas die Überschrift **Herr Metternich und Karl der Große** *gegeben. Er beschreibt darin, wie es zu den Gründungen der berühmten Wein-Domänen kam, nämlich dem rechtsrheinischen Johannisberger des Herrn Metternich und dem linksrheinischen Ingelheimer Karls des Großen. Diese Schilderung lassen wir aus und beschränken uns auf die Dampferfahrt auf dem Rhein.*

Die Gegensätze liegen dicht beieinander. Nach der armen Loreley, Opfer ihrer Liebe, erscheinen die **Sieben Jungfrauen**, Opfer ihrer Bosheit. Als Schwestern machten sie sich einen Spaß daraus, junge schöne Männer aus Liebe sterben zu lassen. Der heilige Nikolaus, schon von alters her ein Beschützer der Knaben, verwandelte sie in so viele Felsen, wie aus dem Wasser herausragen. Man versäumt nicht, sie den jungen Mädchen zu zeigen, um sie von der gleichen Untugend, falls sie davon befallen sind, zu heilen.

Wir ließen Oberwesel mit seinem großen Turm und das preußische Rheinland hinter uns und kehrten wieder nach Nassau zurück, das wir vor kurzem verlassen hatten. Hoch über **Kaub** liegt die **Burg Gutenfels**, die 1807 zerstört wurde. Ein noch zum Teil erhaltenes Wachthaus auf einem Felsen erinnert an Gustav Adolph. Von dort erteilte dieser seine Befehle im Krieg gegen die Spanier, die ihn an der Rheinüberquerung hindern woll-

Kaub, Pfalz und Burg Gutenfels

ten. Fast gegenüber dieses Wachthauses erhebt sich mitten im Rhein ein massives Bauwerk von eigenartiger Form. Von weitem gleicht es einem Schiff vor Anker, kurz vor der Weiterfahrt flußabwärts.

Das ist die **Pfalz**, zu der man auf einer schmalen Treppe hinaufsteigen kann. Zu ihr kamen die pfälzischen Prinzessinnen, um ihre Kinder zu gebären. Heute, da es keine Pfalz mehr gibt, gehört das Schloß dem Herzog von Nassau. Als man einen Brunnen in den Felsen schlug, fand man eine Quelle 20 Fuß unter dem Bett des Rheins, die mit dem Rhein nicht in Verbindung steht.[68]

Hundert Schritt unterhalb der Pfalz trifft man auf **Bacharach**. Drei Dinge empfehlen es der Aufmerksamkeit des Reisenden: seine Ruine, sein Wildes Gefährt und sein Wein. Bei der Ruine handelt es sich um die Werner-

[68] Vgl. Aloys Schreiber 1821, »Handbuch für Reisende am Rhein.«

Wernerkapelle in Bacharach

kapelle, bei dem Wilden Gefährt, was soviel heißt wie wilde Passage, handelt es sich um eine Art Strudel, bei ruhigem Wetter ungefährlich, doch an stürmischen Tagen schreckenerregend. Schließlich sein Wein, der vom König Wenzeslaus so geschätzt wurde, daß er für vier Fuder dieses Weins der Stadt Nürnberg die Freiheit wiedergab. Anhand eines Felsens zwischen der Insel von Bacharach und der rechten Flußseite kann man im voraus beurteilen, wie die Qualität dieser köstlichen Flüssigkeit beschaffen sein wird: Wenn von Juli bis September der Fels seinen Kopf aus dem Fluß streckt, was nur in Jahren großer Trockenheit geschieht, kann man die Ernte auf der Stelle kaufen. Wenn dagegen der Fels von Wasser bedeckt bleibt, sind die Kenner gewarnt und warten lieber ein anderes Jahr ab.

Obwohl die Kapelle immer noch als Bauruine dasteht, ist sie ein vielbesuchter Wallfahrtsort. Das verdankt sie dem heiligen Werner, der nicht nur zu seinen Lebzeiten, sondern sogar noch nach seinem Tode Wunder vollbrachte. Weil er sich weigerte, seinen Glauben zu verleugnen, wurde er in Wesel von Juden umgebracht und in den Rhein geworfen. Sein Leichnam gelangte, anstatt flußabwärts zu schwimmen, gegen die Strömung flußaufwärts bis nach Bacharach. Am Tage nach seiner Ermordung, als seine Mörder ihn schon längst in Koblenz wähnten, fand man ihn gegenüber seiner Kirche, wie eingeschlafen am Ufer liegend.

Je mehr man den Rhein flußaufwärts fährt, desto flacher werden die Ufer und die romantischen Sagen machen allmählich handfesteren Dingen Platz: Von Weinstöcken bedeckte Hügel lösen die von Burgen gekrönten Berge ab. Nachdem man **Burg Sooneck** hinter sich gelassen hat und auch an **Burg Reichenstein**[69] vorbeigefahren ist, die beide 1282 durch Rudolph von Habsburg zerstört wurden, erreicht man **Burg Rheinstein**. Ihr war ein glücklicheres Los beschieden als ihren Vorgängerinnen. Ihren alten Glanz verdankt sie der Sage von Kuno von Falkenstein und seiner Braut, ihren neuen Glanz verdankt sie der Fürsorge, die ihr Prinz Friedrich von Preußen zukommen läßt. Nachdem man also diese drei Burgen hinter sich gelassen hat, kann der Dichter nichts Besseres tun, als seinen Cicerone beiseite zu legen, sich den Vertreter eines guten Kölner oder Mainzer Weinhauses zu schnappen und sich nach den besten Weinsorten zu erkundigen, die ihm noch bevorstehen. Ob er nun dem Rotwein vor dem Weißwein den Vorzug gibt oder dem Weißwein vor dem Rotwein, er wird seine Wahl zwischen Ingelheim, von Karl dem Großen gepflanzt,

---

[69] Dumas schreibt fälschlich »Falkembourg«.

oder dem Johannisberg treffen, der von Herrn Metternich ausgebeutet wurde...

Als wir in Mainz ankamen, war unsere erste Sorge, auf den Gutenbergplatz[70] zu kommen, wo man kurz zuvor die Statue von Gutenberg aufgestellt hatte. Sie ist nach einem Modell von Thorwaldsen in Paris gegossen worden[71]. Ich bin untröstlich, denn der Erfinder der Buchdruckerkunst hätte wahrlich etwas Besseres verdient gehabt als das. Außerdem hat es auch nicht viel gebracht, vom Sandstein auf Bronze überzugehen.

Darüber hinaus muß ich mir auch noch vorwerfen, zu diesem häßlichen Kunstwerk meinen Teil beigetragen zu haben. Nachdem bei einer Spendenaktion alle Mittel, noch weitere Unterzeichner zu finden, erschöpft schienen, beging man die Unklugheit, das Resultat der Sammlung in aller Öffentlichkeit preiszugeben. Es blieb ein Defizit von 8000 Francs. Da kam man auf die Idee, eine Benefiz-Aufführung zu veranstalten, um diese Summe abzudecken. Die Wahl fiel auf ein französisches Theaterstück, das gerade ins Deutsche übersetzt worden war, nämlich auf *Kean*.[72]

Die Einnahmen haben das Loch, das sie stopfen sollten, noch um 2000 Francs vergrößert. Das jedoch muß man dem Patriotismus der Mainzer zuschreiben.

Dreimal umrundete ich die Statue, um mir in meinem Urteil ganz sicher zu sein. Als ich ins Hotel zurückkehrte, stand es felsenfest.

Zwei Stunden später rollten wir bereits auf der Straße nach Frankfurt.

---

[70] Dumas schreibt fälschlich Paradeplatz.
[71] Gegossen in Paris bei Crozatier, 1837 aufgestellt.
[72] Dies Stück von Dumas wurde 1836 in Paris mit großem Erfolg uraufgeführt.

Frankfurt

Ein nicht zu unterschätzender Vorteil der großen deutschen Verkehrswege ist, daß man auf ihnen besser schläft als in den Herbergen. So profitierte auch ich von dem vorzüglichen Zustand der Straßen, um mich für den schlechten Zustand der Betten zu rächen. Seit Bonn hatte ich nämlich nicht mehr geschlafen.

Ich weiß nicht, zu welcher Uhrzeit wir in Frankfurt ankamen. Ich fuhr aus dem Schlaf hoch, als mich ein Österreicher am Arm schüttelte und meine Papiere verlangte. Seit einem von ihnen eine Panne unterlaufen ist, gebärden sich die Österreicher wie die Wilden, wenn es um die Pässe geht.

Die freie Stadt Frankfurt wird in ihrer Eigenschaft als freie Stadt von einem preußischen und einem österreichischen Regiment bewacht. Beide Bürgermeister der Stadt hatten den Wunsch geäußert, einen berüchtigten Dieb festzunehmen, der während der Herbstmesse sein Handwerk auf Kosten der Deutschen wie der Ausländer ausübte. Als die Messe sich ihrem Ende zuneigte, war der Dieb, trotz der Nachforschungen der Polizei, noch immer nicht festgenommen. Folglich wurde den Wachposten der Befehl erteilt, ihre Wachsamkeit zu verdoppeln. Diejenigen, die die Stadt verließen, sollten in die Wachstube kommen, damit man sorgfältig prüfen könne, ob die Pässe in Ordnung und die eingetragenen Vermerke mit Gesicht, Größe und besonderen Merkmalen der Individuen übereinstimmten. Nachdem diese Maßnahmen getroffen und dem Kommandanten der beiden Regimenter übertragen worden waren, legten sich die Oberhäupter der Stadt, zufrieden über ihren Scharfsinn, vollkommen beruhigt schlafen.

Der Dieb hingegen konnte das nicht tun. Der arme

Teufel war sehr beunruhigt. Die Natur hatte ihn nämlich mit einem ganz ausgefallenen Äußeren ausgestattet, so daß es sehr schwer war, sich eines Passes zu bedienen, der nicht genau für ihn hergestellt war. Er sah zwar seine Papiere durch, aber bei den fünf oder sechs Pässen, die er besaß, fand er keinen einzigen, der ihm tauglich erschien, um mit ihm die Überprüfung durch die Wachposten zu riskieren. Er beschloß, ohne Paß zu verschwinden, so wie ein Bürger, der spazierengeht.

Er erschien also am Affentor[73], das durch einen österreichischen Posten besetzt war, und versuchte harmlos schlendernd, ein Spazierstöckchen in der Hand, dort hindurchzukommen.

Der Wachposten rief: »Wer da?« und das, so laut er nur konnte.

»Ein Bürger«, erwiderte der Dieb.

»Kommen Sie her, wie sich's gehört«, rief der Wachposten.

Es gab kein Mittel, sich einer solchen Einladung zu entziehen, zumal sie von einer militärischen Geste begleitet war, die keinen Zweifel über die Absichten dessen offenließ, der sie machte.

»Hier bin ich«, sagte der Dieb, indem er sich näherte.

»Ihr Paß?« forderte der Wachposten.

»Mein Paß?« antwortete der Dieb, als könne man nicht erstaunter über eine solche Frage sein. »Ich habe keinen.«

»Na gut«, sprach der Wachposten und hängte sein Gewehr wieder über die Schulter. »Da können Sie ja von Glück sagen, daß Sie keinen haben, denn hätten Sie einen, müßte ich Sie in die Wachstube bitten. Dort hätte man dann überprüft, ob die Eintragungen mit Ihrem

---

[73] Altes Stadttor in Richtung Darmstadt.

Äußeren übereinstimmen. Das hätte Sie mindestens eine halbe Stunde gekostet. Da Sie aber gar keinen haben, ist es etwas anderes. Gehen Sie.«

Der Dieb nutzte diese ihm so freundlich von dem Wachposten erteilte Erlaubnis.

Wir dagegen, obwohl unser Äußeres im Vergleich zu den Vermerken im Paß über jedes Mißtrauen erhaben war, wir wurden mit einer halben Stunde Wartezeit belohnt. Danach brachte uns unser Wagen vor die Tür des Hotels Römischer Kaiser, wo ich die Nachtruhe, die so bequem in der Kutsche begonnen hatte, fortsetzte.

Als ich am nächsten Morgen erwachte, trat ich ans Fenster. Ich war in der Zeil, der schönsten Straße Frankfurts. Über meinem Kopf hatte ich die Statue eines prächtigen Kaisers, entweder Karl des Großen oder Ludwig des Bayern. Wen von beiden sie darstellen soll, weiß ich nicht recht, sicher ist jedoch, daß sie keinem von beiden ähnlich sieht. Dann, rechts und links von mir, die prunkvollsten Häuser Frankfurts. Dieser erste Eindruck vermittelte mir eine hohe Meinung von den Freien Städten.

Ich stieg in den Aufenthaltsraum hinab. Die Mahlzeiten an der Table d'hôtes waren, wie überall in Deutschland, auf ein Uhr und vier Uhr angesetzt, was jedem die Möglichkeit gibt, nach seiner Gewohnheit zu speisen. Um ein Uhr sitzen an der Table d'hôtes nur Deutsche, um vier Uhr dagegen nur Engländer und Franzosen.

Ich hatte noch zwei Stunden Zeit. Ich erkundigte mich nach dem Weg zum Römer oder dem Rathaus. Wie man weiß, ist dies das denkwürdige Gebäude, in welchem die Kaiserwahl stattfand.

Frankfurt, dessen Name im Deutschen »Furt der Franken« bedeutet, verdankt seinen Ursprung einer Kaiserpfalz, die man an einer seichten Stelle des Mains errich-

Römerberg nach Norden

tete. Geschichtlich erwähnt wird Frankfurt zum ersten Mal anläßlich eines Konzils, das dort 794[74] abgehalten wurde und auf dem die Anbetung der Heiligenbilder verworfen wurde. Von der Pfalz Karls des Großen gibt es keine Spuren mehr. Allein die Altertumsforscher behaupten, sie habe sich just an dem Platz befunden, an dem man später die St.-Leonhards-Kirche errichtet hat[75].

Seit Ludwig dem Frommen bis zum Untergang der karolingischen Dynastie war Frankfurt die Hauptstadt des Ostfrankenreiches. Die drei ottonischen Kaiser versahen es nacheinander mit Stadtmauern. Unter der unmittelbaren Schutzherrschaft Ludwig des Bayern erreichte es ungefähr den gleichen Grad an Ausdehnung, den es heute hat. Übrigens wurden seit 1152[76] die römi-

[74] Im Beisein Karls des Großen. Nach der Konziliengeschichte muß es aber, nicht wie bei Dumas *l'adoration des Mages*, sondern *l'adoration des Images* heißen (Hör- oder Schreibfehler).

[75] Das steht noch im Baedeker 1874.

[76] Hier irrt Dumas: Aufgrund der Goldenen Bulle wurden die Kaiser erst ab 1356 in Frankfurt gewählt.

schen Kaiser in Frankfurt gewählt, und dort erschien unter Karl IV. die Goldene Bulle, die zum Grundgesetz des Reiches wurde[77]. Diese berühmte Bulle, geschrieben auf 45 Seiten Pergamentpapier und beginnend mit den heiligen Worten »Omne regnum in se divisum desolabitur«, wird in den Archiven des Rathauses aufbewahrt. Ihr Name rührt von der goldenen Kapsel her, die ihr Siegel damals wie heute noch einschließt, um es zu konservieren. Zwei Jahrhunderte später wurden die Herrscher nicht nur in Frankfurt gewählt, sie wurden dort auch gekrönt, was der Stadt noch größere Bedeutung verlieh.

Frankfurt lenkte so gut es ging seine Geschicke als bürgerlich-kaiserliche Stadt bis zu dem Augenblick, als es nach französischem Bombardement während der Revolutionskriege eines schönen Morgens von Napoleon dem Fürstprimas Karl von Dalberg[78] geschenkt wurde. Nun wurde es Hauptstadt des Großherzogtums Frankfurt[79]. Der Wiener Kongreß machte schließlich am 9. Juni 1815 Frankfurt zum Sitz der Deutschen Bundesversammlung[80], wodurch sich die Hauptstadt des Großherzogtums Frankfurt als Freie Stadt wiederfand[81].

Dank ihrer neuen Verfassung dürfen die Frankfurter ein Viertel der Stimmen auf der Bundesversammlung beanspruchen, die anderen drei Viertel gehören den drei Freien Städten Hamburg, Bremen und Lübeck.

---

77 Das Reichsgrundgesetz von Karl IV. wurde 1356 auf den Reichstagen von Nürnberg und Metz angenommen, die Goldene Bulle galt bis 1806 als wichtigstes Verfassungsgesetz.

78 Dem ehemaligen Erzbischof von Mainz, Fürstprimas des Rheinbundes.

79 Zusammen mit Aschaffenburg, Hanau, Fulda und Wetzlar.

80 Durch Vermittlung des Freiherrn von Stein.

81 Am 18. 10. 1816 erstmals eigene Verfassung als freie Stadt.

Im Ausgleich zu dieser Ehre muß Frankfurt 750 Mann der Deutschen Bundesversammlung zur Verfügung stellen und am Jahrestag der Schlacht von Leipzig Kanonenschüsse abfeuern. Dieser letzte Artikel bereitete einige Schwierigkeiten, da die Freie Stadt seit 1808 keinen Befestigungswall und seit 1813 keine Kanonen mehr besaß. Man nutzte jedoch die anfängliche Begeisterung, um eine Subskription zu eröffnen mit dem Ziel des Kaufs von zwei Kanonen. Dank dieser freiwilligen Spende läßt die Freie Stadt am bezeichneten Tag mit geschäftsmäßiger Genauigkeit Feuer und Rauchschwaden los, die sie der Heiligen Allianz schuldet.

Was den Wall betrifft, so gibt es ihn nicht mehr: Anstelle der alten Gemäuer und der stinkenden Gräben entstand vor den Augen der Frankfurter, gleich einem anmutigen und wohlriechenden Gürtel, ein reizender englischer Garten, in dem man auf Kieswegen unter herrlichen Bäumen rund um die Stadt spazieren kann. Das ist alles so gut gelungen, daß Frankfurt mit seinen weiß, grün und rosa verputzten Häusern einem gewaltigen Strauß Kamelien gleicht, der von Heidekraut eingefaßt ist. Das Grab des Bürgermeisters, der die Idee zu dieser Verbesserung hatte, erhebt sich inmitten dieses reizenden Labyrinths, das die Bürger mit ihren Familien jeden Tag ab fünf Uhr bevölkern.

Die Krönungsinsignien der deutschen Kaiser

So neugierig ich auch war, die sogenannte Stadtmauer-Anlage zu besichtigen, so wollte ich doch nicht das Rathaus verlassen, ohne den Kaisersaal gesehen zu haben. Es gelang mir, eine Art Hausmeister ausfindig zu machen. Mit einem Schlüsselbund in der Hand stieg er vor mir die Treppe hoch und öffnete für mich den Saal, der heute die Bezeichnung Senatssaal trägt. Eine der Merkwürdigkeiten dieses Saales, der alle Porträts der Kaiser von Konrad bis zu Leopold II. beinhaltet, ist, daß der Architekt, der ihn baute, gerade soviel Nischen einplante, wie es Kaiser geben sollte. Als nun Franz II. gewählt wurde, hatte sich der Kreis der Porträts im Saal geschlossen, und es gab keine Nische mehr für den neuen Cäsar. Man debattierte heftig darüber, wo man das Porträt des Neugewählten anbringen könnte. Da brach 1806 das alte Reich unter den Kanonen von Wagram zusammen und half damit den Hofanhängern aus dieser Verlegenheit.

Der Architekt hatte genau die Zahl der Kaiser vorhergesehen, die es geben sollte. Nostradamus[82] hätte es nicht besser gemacht.

Von Konrad bis zu Ferdinand I., von 911 bis 1556, fanden die Krönungen in Aachen statt: Maximilian II. war 1564[83] der erste in der Reihe der Kaiser, die in Frankfurt gekrönt wurden. Nach der Zeremonie, die in der Kathedrale St. Bartholomäus, bekannter unter der schlichten Bezeichnung Dom, stattfand, kehrte der Neuerwählte, begleitet von den Kurfürsten, zum Rathaus zurück. Er stieg zum großen Saal empor, um die bei solchem Anlaß gebräuchlichen Zeremonien zu vollenden beziehungsweise ihrer Abwicklung beizuwohnen.

---

82 Er hieß eigentlich Michel de Nôtre Dame (1503–1566), war Leibarzt Karls IX.; seine dunklen Prophezeiungen leben bis in die Neuzeit fort.

83 1562 war die Krönung Maximilians II. in Frankfurt.

Die Kurfürsten von Trier, Mainz und Köln nahmen, von rechts nach links betrachtet, die Plätze am ersten Fenster ein. Der Kaiser nahm im großen Ornat, mit umgehängtem Kaisermantel, der Krone auf dem Haupt, Zepter und Reichsapfel in den Händen, am zweiten Fenster Platz. Das dritte Fenster war durch einen Thron belegt. Dort saß der Erzbischof mit der Geistlichkeit. Das vierte Fenster war für die Vertreter von Böhmen und der Pfalz bestimmt. Das fünfte Fenster gehörte den Kurfürsten von Sachsen, Brandenburg und Brunswick.

Von dem Augenblick an, da diese illustre Gesellschaft erschien, brach auf dem ganzen Platz (vor dem Rathaus) Jubelgeschrei aus.

Dieser Platz hat eine gesonderte Beschreibung verdient.

Die Mitte wurde durch einen ganzen Ochsen eingenommen, der in einer Behelfsküche auf Brettern am Spieß gedreht wurde.

Krönungsfest in Frankfurt

An einer Seite des Platzes stand ein Brunnen, gekrönt von einem Adler mit zwei Köpfen. Aus einem seiner Schnäbel floß roter Wein, aus dem anderen Weißwein. Die andere Platzseite war belegt durch einen Haufen Hafer, der die Höhe von drei Fuß erreichen konnte.

Waren alle Fenster besetzt, hatten Kaiser, Erzbischof und Kurfürsten die ihnen entsprechenden Plätze eingenommen, so erschallte die Fanfare der Trompete. Darauf erschien der Hofmarschall zu Pferd, trieb dieses bis zum Bauch in den Hafer, füllte einen silbernen Meßbecher und stieg wieder zum Saal hoch, um dieses Maß dem Kaiser zu zeigen.

Das bedeutete, daß die Pferdeställe mit Futter versorgt seien.

Dann hörte man die Fanfare der Trompete zum zweiten Mal. Nun kam der Hof-Mundschenk herausgeritten. Er machte sich daran, am Brunnen zwei silberne Schalen zu füllen, eine mit Rotwein, die andere mit Weißwein. Diese beiden Schalen trug er zum Kaiser.

Das bedeutete, daß die Weinkeller gefüllt seien.

Dann ließ sich die Trompetenfanfare ein drittes Mal hören. Der Hof-Metzger erschien zu Pferd, ging daran, sich vom Ochsen eine Scheibe abzuschneiden, und brachte sie dem Kaiser.

Das bedeutete, daß die Küchen in prächtigem Zustand seien.

Schließlich ließ sich die Trompete ein viertes Mal hören. Der Hof-Schatzmeister ritt heraus. In seiner Hand hielt er einen Beutel, in dem Gold- und Silbermünzen gemischt waren. Diese Münzen warf er unters Volk.

Das bedeutete, daß die Schatzkammer gefüllt sei.

Sobald der Hof-Schatzmeister zurückkehrte, war das der Auftakt zu einer großen Schlacht des Volkes um den Hafer, den Wein sowie den Ochsen. Für gewöhnlich ließ man Metzger und Kellermeister die Küche belagern und einnehmen. Der Kopf des Ochsen war die ehrenvollste Trophäe dieses Kampfes. Die, die in den Besitz des Kopfes gelangten, wurden als Sieger angesehen. Noch heute weisen die Kellermeister im Ratskeller und die

Metzger in ihrer Fleischerhalle auf die Ochsenköpfe hin, die ihre Vorfahren in den denkwürdigen Krönungstagen erobert haben.

Nachdem ich andächtig Weinkeller und Markthalle besichtigt und den Nachkommen der Kellermeister und Metzger meine Hochachtung ausgedrückt hatte, wendete ich meine Schritte zum Ufer. Ich folgte ihm bis Mainlust, und als ich ein nahes Tor durchschritt, befand ich mich in diesen reizenden Gärten, die ich zuvor erwähnte. Sie sind wirklich entzückend. Ich durchschlenderte sie bis zum Bockenheimer Tor. Von dort kehrte ich in die Stadt zurück. Wie ich wußte, befand ich mich in der Heimatstadt Goethes, und das Haus dieses großen Dichters konnte nicht sehr weit von dem Viertel entfernt sein, in dem ich mich befand. Also näherte ich mich einem honorigen Herrn, der, einen Spazierstock mit goldenem Knauf in der Hand, den Theaterplatz überquerte. Ich erkundigte mich mit der ganzen mir zur Verfügung stehenden Höflichkeit, ob er französisch spreche.

»Ob ich französisch spreche, mein Herr?« antwortete er. »Ein Bankier muß alle Sprachen sprechen, und ich bin Bankier im Ruhestand.«

Ich verbeugte mich mit allem Respekt, den ich dieser schätzenswerten Klasse der Gesellschaft zolle. Als er meinen Gruß erwidert hatte, sagte ich: »Es handelt sich um folgendes, mein Herr, könnten Sie mir die große Freude machen, mir das Goethehaus zu zeigen?«

»Das Goethehaus? Das Goethehaus?« stammelte der gute Mann und griff sich ans Kinn, um sich alle Erinnerungen wachzurufen. »Das Goethehaus? Hm! Hm! Mein Herr, das muß ein Haus sein, das bankrott gemacht oder das sich noch keinen Ruf erworben hat, denn ich kenne es nicht.«

»Dann also bitte ich vielmals um Entschuldigung, daß ich Sie belästigt habe.«

»Das macht nichts, mein Herr, ganz zu Ihren Diensten.«

Wir trennten uns, einer vom anderen angetan. Der ehrenwerte Mann hatte mir mehr offenbart, als ich wissen wollte.

Bei meiner Rückkehr zum Römischen Kaiser erkundigte ich mich beim Hoteljungen nach der Adresse des Goethehauses. Ich erfuhr, es sei mit F Nr. 74 in der Straße Großer Hirschgraben bezeichnet. Das soll nur nebenbei gesagt sein, um Reisenden den Umstand zu langen Suchens zu ersparen.

Die Judengasse

Gleich nach dem Mittagessen begab ich mich wieder nach draußen. Da ich inzwischen wußte, wo sich das Goethehaus befand, begnügte ich mich damit, nach dem Namen der Straße zu fragen. Obwohl Frankfurt sich aufgrund einer Zählung rühmt, 217 Straßen zu besitzen, konnte man mir glücklicherweise Auskunft geben, wo diese sich befand. So stand ich bald vor dem Haus mit dem Buchstaben F und der Nr. 74.

Das Haus unterscheidet sich in nichts von den Nachbarhäusern. Lediglich über der Eingangstür ist das Familienwappen angebracht, ein prophetisches, dessen Farben man aufgrund der heraldischen Unwissenheit des Holzschnitzers nicht wiedererkennen kann. Aber der hervorspringendste Teil daran ist ein Band, auf dem drei Lyren liegen[84].

In diesem Haus hat Goethe einen Teil seines »Werthers« geschrieben[85]. Zweifellos ist Goethe eines der größten

---

84 Goethes Vater wählte als Wappen drei schräge Leiern mit einem Stern.

85 Goethe bewohnte dort von 1773–1775 eine Mansardenstube.

Genies, das, ich möchte sagen, nicht nur Deutschland, sondern die Welt besessen hat. In jeder Literaturgattung hat er irgendein Meisterwerk hinterlassen. Als Romane sind »Werther« und »Wilhelm Meister« herausragend. »Götz von Berlichingen« und »Egmont« befinden sich auf der Höhe der Shakespeareschen Dramen. Die »Braut von Korinth«, »Der Fischer« und »Der König von Thule« sind gleichbedeutend mit den besten Werken alter wie neuer Dichtkunst. »Faust« ist mit keinem Werk einer anderen Sprache vergleichbar. Doch darüber hinaus hat Goethe, was selten ist, auch noch ein glückliches und geachtetes Leben geführt. Er hat sowohl einen Fürsten als auch ein Volk gefunden, die ihn noch bei Lebzeiten verstanden haben. Er konnte seinen Ruhm miterleben, als sei über diesen schon die Sanktion der Jahrhunderte hinweggegangen. Als er schließlich hochbetagt und mit Ehrungen überhäuft starb, schien jedermann erstaunt, daß er das menschliche Schicksal teile. Man hatte sich daran gewöhnt, ihn für unsterblich zu halten.

Es war Goethe, der als erster den von Shakespeare geschaffenen Engelsfiguren neue Schwestern gab. Klara, Mignon und Margarete sind Geschöpfe, die in ihrer Hingabe ebenso keusch, in ihrer Liebe ebenso rein, in ihrer Erniedrigung ebenso groß sind wie Desdemona, Julia und Ophelia. Neben diesen beiden Männern hat uns das übrige Theater auch Gestalten leidenschaftlicher Frauen oder schüchterner junger Mädchen geschenkt, aber ohne jeden Anspruch, eine davon könne der edelmütigen Geliebten Othellos oder dem unglücklichen Liebchen des Faust gleichkommen.

Am Ende der Straße, in welcher dies heilige Geburtshaus liegt, las ich eine Ankündigung des Schauspiels, das am Abend gegeben wurde: »Griseldis«[86].

---

[86] 1373 verfaßte lateinische Erzählung Petrarcas nach einer Novelle Boccaccios, Schauspiel von Hans Sachs 1546.

Der Weg, den ich durch Zufall eingeschlagen hatte, führte mich geradewegs zum Dom. Das ist ein unregelmäßiges Bauwerk, ganz umgeben von Häusern, die es verdecken. Es wird von einem stumpfen Glockenturm überragt. Schon von den Karolingern begonnen, wurde es erst im 16. Jahrhundert vollendet beziehungsweise sein Bau eingestellt. Sein Anblick wirkt merkwürdig durch die große Zahl von Wappenschildern, die es schmücken und die ihm eher die Ansicht eines Waffensaals als die eines heiligen Ortes verleihen. Der Dom birgt zwei bemerkenswerte Grabmäler. Außerdem wird dort eine Uhr als Meisterwerk der Mechanik gezeigt. Sie hat meiner Meinung nach einen großen Vorzug vor den Uhren, die falsch gehen: Sie geht überhaupt nicht.

Im Dom wurde ich vom Inhaber des Hotels eingeholt. Auf meinen Wunsch hin hatte er sich freigenommen und suchte mich, um sich für den Rest des Tages zu meiner Verfügung zu halten. Ich bat ihn, mich in die Judengasse zu führen.

Wie überall, ist auch in Frankfurt die Judengasse der schmutzigste, aber zugleich auch malerischste Teil der Stadt. Die Straße, in der die Juden wohnen, ist noch immer die gleiche wie im 15. Jahrhundert. Solange es noch möglich ist, ein Haus zu bewohnen, wird ein Jude – darunter verstehe ich einen echten, reinrassigen Juden – es niemals abreißen. Wird das Haus rissig, so dichtet er es ab, neigt es sich, so unterstützt er es. Jede Veränderung erschreckt ihn. Seine Augen möchten auf Dingen ruhen, die schon seine Väter gesehen haben.

Doch vor circa fünfundvierzig Jahren brachte ein Ereignis große Verwirrung in diesen israelitischen Ameisenhaufen. 1796 ließ Jourdan die Stadt zwei Tage und zwei Nächte lang bombardieren. Der größte Teil der Granaten fiel auf die Judengasse, wodurch ein Brand entstand, der mehr als hundert Häuser zum Einsturz brachte. Dieses Unglück hat, wenn nicht zur Neugestaltung, so doch zur Vergrößerung durch eine neue Straße geführt.

Diese Straße war, wie die andere, durch Tore abgeriegelt. Zu einer bestimmten Uhrzeit schloß man diese abends ab und stellte einen Wachposten davor. Jeder Jude, der zu spät kam, hatte ein Bußgeld zu entrichten. Aber seit 1819 sind solche Zwangsmaßnahmen glücklicherweise verschwunden. Die Juden, die nur ein Haus in einer für sie genau bezeichneten Straße besitzen durften, können nun wohnen, wo sie wollen und so viele Häuser besitzen, wie sie möchten. Diese Verbesserung ihres Zustandes verdanken sie zum größten Teil ihrem Glaubensgenossen, Herrn von Rothschild: Im Gegensatz zu anderen Wohltätern, wird Herr von Rothschild in Frankfurt auch noch sehr verehrt.

Der durch Bombardement zerstörte nördliche Teil der Judengasse

Trotz all seiner Bitten konnte Herr von Rothschild alte Gewohnheiten nicht ausrotten, trotz eifrigen Drängens einen Widerwillen nicht beseitigen: Selbst bei seiner eigenen Mutter nicht, die all diesen neuen Erfindungen des Wohlstandes und des Luxus höchst mißtrauisch gegenüberstand. Niemals wollte sie ihr kleines Haus im Ghetto verlassen für einen dieser Paläste, die ihre Söhne errichteten, sei es in Paris, London, Wien oder selbst in Frankfurt. Niemals wollte sie im Wagen fahren, niemals änderte sie irgend etwas an ihrer Lebensweise. Der Reichtum ihrer Söhne verbreitet andernorts seinen Glanz, ohne daß auch nur ein Schimmer davon auf sie gefallen wäre.

Im übrigen ist die Quelle dieses Reichtums genauso merkwürdig wie sie ehrenhaft ist. Als der Fürst von Hessen-Kassel 1795 gezwungen war, sein Land zu verlassen und nicht wußte, wem er eine Summe von zwei Millionen anvertrauen könnte, fragte er einen seiner Freunde um Rat. Dieser empfahl ihm einen Juden, mit dem er einige Geschäftsbeziehungen gehabt hatte und den er als den ehrenhaftesten Mann bezeichnete, den er kenne. Der Fürst von Hessen-Kassel ließ ihn kommen und übergab ihm die Summe. Der Jude fragte nach, ob er das Geld für ihn anlegen solle. Der Fürst war in Eile. So antwortete er ihm, er solle damit machen, was er wolle und begnügte sich damit, eine Empfangsbestätigung zu verlangen. Da schüttelte der Jude den Kopf und bat ihn, das Geld wieder zurückzunehmen. Denn gesetzt den Fall, er, der Fürst werde festgenommen und man fände die Empfangsbestätigung in seinen Papieren, so sei diese Quittung für den Aufbewahrer ein Grund zur Verfolgung.

Ohne Quittung könne er für alles bürgen, mit einer Quittung könne er für nichts bürgen. Der Fürst zögerte einen Augenblick. Zwar machte der Jude einen ehrenwerten Eindruck, doch bei der Höhe der Summe waren doch einige Vorsichtsmaßnahmen angebracht. Dennoch siegte das Vertrauen über die Bedenken. Der Fürst händigte ihm die Summe aus. Darauf blies er mit allen anderen Fürsten, seinen Standesgenossen, zum Rückzug.

Im Jahre 1814 gab dann endlich der Vertrag von Paris jedem Fürsten ungefähr das zurück, was er vor dem großen Reichsbeben besessen hatte, das von 1795 bis 1814 so viele Throne verschlungen hatte. Der Fürst von Hessen-Kassel kehrte in seine Hauptstadt zurück. Während seiner Abwesenheit hatte Napoleon daraus die Hauptstadt eines Königreichs gemacht, so daß er sehr zufrieden über den Zustand war, in dem er sie vorfand.

Eines Morgens meldete man ihm, ein Jude wolle ihn sprechen. Der Fürst von Hessen-Kassel antwortete, falls der Jude irgendwelche Forderungen an ihn habe, müsse er die schriftlich seinen Ministern einreichen. Der Jude sagte, daß das, worüber er den Fürsten unterrichten wolle, nur ihn angehe und daß er es nur dem Fürsten persönlich mitteile. Der Jude durfte vorsprechen.

Der Fürst erkannte ihn wieder. Seine Kleidung war die gleiche, nur etwas abgestoßener, das Gesicht war das gleiche, nur etwas älter, die Haare waren die gleichen, nur etwas dünner, und der Bart war der gleiche, nur etwas weißer. Der Jude verneigte sich.

»Ach, bei Gott«, sagte der Fürst zu ihm. »Du bist es. Ich rechnete kaum mehr damit, dich wiederzusehen. Also gut! Was willst du mir sagen? Daß mein Geld entdeckt und gestohlen wurde? Was willst du, mein guter Mann, das ist eben Pech. Dank des Himmels und der Heiligen Allianz bin ich nicht ganz arm, so daß ich zwei Millionen verlieren kann, mit denen ich kaum mehr gerechnet hatte.«

»So ist es nicht, Durchlaucht«, erwiderte der Jude, indem er sich nach jedem Wort verbeugte. »Durch die Gnade des Gottes Israels wurden Eure zwei Millionen nicht angerührt. Aber Eure Hoheit hatten mir die Erlaubnis erteilt, sie anzulegen.«

»Ach, ich verstehe«, sagte der Fürst. »Du hast sie so gut angelegt, daß sie nun verloren sind. Was willst du! Diese Unglückszeit war auch schrecklich für den Handel.«

»So ist es nicht, Eure Hoheit. Die zwei Millionen sind nicht verloren.«

»Wie«, rief der Fürst. »Du bringst mir meine zwei Millionen zurück?«

»So ist es nicht, Durchlaucht. Ich bringe Euch nicht Eure zwei Millionen zurück, sondern sechs. Wenn das Geld gut angelegt ist, bringt es etwas ein.«

»Also gut! Ja und du?«

»Ich, ich habe meinen kleinen Verdienst, meine kleine Provision, meine sechs Prozent. Aber die sind abgerechnet. Übrigens könnt Ihr die Buchungen einsehen, Durchlaucht. Sie sind in Ordnung.«

»Und du glaubst, ich nähme dieses Geld da? Ich werde meine zwei Millionen nehmen, aber der Rest gehört dir. Ich mache keine Geschäfte.«

»Eure Hoheit hat Unrecht. Mit einem Betriebskapital wie diesem, über das Ihr verfügen könnt, könnte man große Geschäfte machen, dagegen mit nur zwei Millionen …«

»Gib mir die zwei Millionen zurück, mit denen du gearbeitet hast, und behalte die vier als Gewinn.«

»Aber wenn ich Euch doch sage, daß ich meinen kleinen Verdienst habe!«

»Ach den! Wenn du noch ein Wort sagst, nehme ich überhaupt nichts mehr zurück.«

»Ach! Durchlaucht, da gibt es Gesetze, selbst für die armen Juden. Ich werde Euch dazu zwingen müssen.«

»Sechs Millionen zurückzunehmen, obwohl ich dir nur zwei gegeben habe? Bei Gott, das ist ein starkes Stück!«

»Nein«, erwiderte der Jude, nachdem er einen Augenblick nachgedacht hatte. »Nein, ich kann Eure Hoheit nicht zwingen, die sechs Millionen zurückzunehmen, vorausgesetzt, Ihr könnt verneinen, daß Ihr mich beauftragt habt, das Geld anzulegen und daß ich ohne Euer Wort das nicht hätte tun dürfen.«

»Also gut!« sagte der Fürst. »Ich habe dich nicht beauftragt, die zwei Millionen anzulegen, und wenn du jetzt noch ein Wort sagst, bezichtige ich dich der Verletzung des Depots!«

»Es gibt keine Aufrichtigkeit mehr in der Welt!« murmelte der Jude zwischen den Zähnen.

»Was sagst du da?« fragte der Fürst.

»Nichts, Durchlaucht. Ich sage, daß Ihr ein großer Fürst seid und ich nichts als ein armer Jude. Hier sind Eure zwei Millionen in gutem Papier ausgestellt auf die Staatskasse von Wien. Was die anderen vier Millionen betrifft, da Ihr die ja keinesfalls nehmen wollt (der Jude seufzte), muß ich die wohl behalten.«

Der Jude kehrte nach Frankfurt zurück und nahm die vier Millionen wieder mit. Er verstand die Welt nicht mehr. Dieser Mann war Herr Rothschild senior.

Das ist die Geschichte vom Ursprung des großen Vermögens, so wie sie mir in Frankfurt erzählt worden ist. Ich gebe sie hier wieder, weil sie nicht im mindesten kränkend ist für irgend jemanden gleichen Namens.

Zwischenzeitlich bin ich auch dem Frankfurter Herrn Rothschild vorgestellt worden, der zugleich Konsul von Neapel ist, so wie sein Pariser Bruder zugleich Konsul von Österreich ist. Ich wurde so empfangen, wie Herr von Rothschild die Ausländer behandelt – nämlich mit außerordentlichem Wohlwollen. Was seine Frau betrifft, so kann ich nur sagen, daß es ein Privileg der Damen Rothschild ist, Vorbilder an Geschmack und gutem Benehmen zu sein, ob sie nun in London, Paris oder Frankfurt wohnen.

Mein Cicerone schlug mir vor, am Schluß noch das jüdische Hospital zu besichtigen, das zu einem großen Teil von Herrn von Rothschild gegründet wurde und hauptsächlich von ihm unterhalten wird.

Es ist ein Krankenhaus wie alle Krankenhäuser, nur vielleicht etwas sauberer. Vielleicht um den Juden von Frankfurt das Kranksein zu verleiden?

Eines der Fenster des Hospitals ist auf den alten Friedhof gerichtet. Niemals habe ich etwas Trostloseres gesehen als dieses verlassene Totenfeld: Alle Grabsteine sind gleich, und wenn Gleichheit irgendwo existiert, dann sicherlich an diesem Ort der Erde. Ein Ziegenbock haust dort. Das ist zweifelsohne der Sündenbock. Beim Abfressen des Grases um die Grabsteine muß er auch die Sünden derer, die darunter liegen, auf sich laden und verdauen. Diese Pflicht erledigt er übrigens gewissenhaft: Ich habe niemals einen fetteren und gesünderen Ziegenbock gesehen. Es gibt wenige Daseinsformen, die sich mit der seinen vergleichen lassen, denn er braucht in der Tat keine Angst vor der Zukunft zu haben. So wie er einen Ziegenbock ersetzt hat, der an Altersschwäche gestorben ist, so wird er seinerseits an Altersschwäche sterben. Auch Harlekin setzte sich nur den Tod als Ziel, und Harlekin gilt keineswegs als Dummkopf.

Ausflüge

Die Umgebung von Frankfurt ist sehenswert. Da gibt es vor allem das kleine Fürstentum **Homburg**. Nicht nur allein seinetwegen ist eine Besichtigung lohnend, sondern auch wegen seiner **französischen Kolonie**.

Man möge sich einmal vorstellen: Ein ganzes protestantisches Dorf ist um 1686 wegen der Auflösung des Ediktes von Nantes aus Frankreich ausgewandert. Es brachte aus seinem Heimatland die Sitten, die Sprache und die Trachten mit, die man damals dort trug. Als habe seit dieser Zeit die Erde stillgestanden, lebt es immer noch in seinen Traditionen, glaubt immer noch, die Protestanten würden verfolgt und erzählt von Cavalier und von Herrn von Baville, als wären sie gestern gestorben. Alles dies in einer Sprache, die nicht mehr die unsere ist, mit Redewendungen, die man nur noch bei Molière findet. Bei geringerer Sachkenntnis könnte man, wenn man diese Einwohner reden hört, glatt glauben, man läse einen Brief der Madame de Sévigné[87] oder einen von Bussy-Rabutin[88].

Bei Ankunft in der Hauptstadt, die von der französischen Kolonie etwa eine Meile entfernt liegt, sah ich zwei Soldaten, die Arm in Arm spazierengingen. Da mir ihre Uniform nicht bekannt war, fragte ich den Wirt, zu welchem Corps sie gehörten.

»Das ist unsere Infanterie«, gab er zur Antwort.

»Ah, das ist die Infanterie.«

---

87 Marie de Sévigné (1626–1696) wurde berühmt durch den Briefwechsel mit ihrer Tochter.

88 Roger de Rabutin (1618–1693), Vetter der Marie de Sévigné, wurde ebenfalls durch seinen umfangreichen Briefwechsel über 26 Jahre berühmt.

»Ja, mein Herr. Gestern hätte ich Ihnen sogar unsere Kavallerie vorführen können. Aber unsere Kavallerie – er – ist diese Nacht verstorben.«

»Was heißt das – die Kavallerie, ›er‹ ist gestorben?«

»In der Tat, er ist tot. Das war ein Husar. Wir müssen der Bundesversammlung drei Männer stellen. Zwei Infanteristen und einen Kavalleristen. Da sind die beiden Infanteristen. Der Kavallerist aber ist gestorben. Doch morgen werden wir einen neuen haben.«

Der Prinz von Homburg, der auf Lebenszeit Anrecht auf seine Hoheitsgebiete hat, ist zweiter Befehlshaber der Festung von Luxemburg. Deshalb kann der Oberbefehlshaber ihn, trotz seines Titels als Prinz, festnehmen lassen, wenn er seiner Wehrpflicht nicht nachgekommen ist.

»Dann ist euer Prinz einer der unbedeutendsten Fürsten Deutschlands, da er nur auf drei Mann veranschlagt wird?«

»Oh, mein Herr«, gab der Wirt zurück, »es gibt noch viel kleinere Fürstentümer. Es gibt welche, die auf zwei Mann, auf einen Mann und auf einen halben Mann veranschlagt werden.«

»Auf einen halben Mann? Wie machen sie denn das?«

»Na ja, sie arrangieren sich mit einem, der eineinhalb Mann stellen muß. Der eine liefert den Mann und der andere die Uniform.«

Vierzehn Tage später trafen wir in Baden den Prinzen von N. Bei diesem verhielt es sich ganz anders!

Als Jüngster der Familie hatte er nur ein Dorf mit zwölf Häusern geerbt. Nach und nach hatte er seine zwölf Häuser verkauft und damit auch seine Untergebenen, bis auf einen, den er zu seinem Adjutanten gemacht hatte. Aber bei seiner Ankunft in Baden hatte er sich auf einen Streit mit diesem Adjutanten eingelassen. Aus Rache reichte dieser seine Kündigung ein. Nun war er wohl immer noch regierender Fürst, aber ohne einen einzigen Untertanen. Der arme Prinz raufte sich vor Wut die Haare. Von jetzt an konnte er nur noch seinem Hund Prügel verpassen. Ich hoffe, daß das arme Vieh eines schönen Tages darüber so wütend sein wird, daß es ihn beißt.

Übrigens habe ich vergessen hinzuzufügen, daß der Prinz von Homburg, wie uns schien, von seinen Untertanen sehr verehrt wird. Besser ist es, von wenigen verehrt, anstatt von vielen gehaßt zu werden

Der Ausflug nach Homburg hatte uns in Schwung gebracht. Wir beschlossen, am nächsten Tag eine Fahrt in den **Taunus** zu unternehmen.

Der Taunus ist eine der anmutigsten Hügellandschaften, die ich gesehen habe. Er umgibt Frankfurt mit einem reizvollen Horizont, der zu jeder Tageszeit die Farbe wechselt und am Abend in allen Lichtnuancen erglüht, die ihm die untergehende Sonne schickt. Einst gab es dort Silberminen, die von den Römern abgebaut wurden. Ab und zu sieht man an den Hängen ausladende Steinbrüche und tiefe Höhlen, die die Spuren der Legionäre mit ihren Spitzhacken verraten. Dann, von Ort zu Ort, Überreste einer Straße, die für Riesen gemacht scheint und die man entweder Germanikus, Hadrian oder Karl dem Großen zuschreibt[89].

Eines Morgens brachen wir auf, um Winternode und sein hübsches Flüßchen, die Nidda, zu besuchen. **Bad Soden** mit seinen vierzehn Mineralquellen, von denen

---

[89] Aloys Schreiber, Handbuch für Reisende, 1831, beschrieb sie als »alte Pflasterstraße« bei Homburg.

einige so schwarz wie Tinte sind. Selters, dessen Sprudelwasser, gesüßt und mit etwas Zitrone versehen, dem Wein der Champagne nahekommt,[90] und schließlich Königstein.

Burg Königstein

Trotz ihres anspruchsvollen Namens wird mit der Ruine von Königstein keinerlei Sage aus dem Mittelalter verbunden[91]. Alles, was die Geschichte darüber aussagt, ist, daß die Festung 1581 nach dem Ableben des letzten Abkömmlings dieser Grafen an den Erzbischof von Mainz überging, der dort seine Gefangenen unterbrachte. 1792 nahmen sie die Franzosen ein und unterhielten sie als

---

[90] Aus Aloys Schreibers Taschenbuch für Reisende am Rhein 1821, S. 220, wörtlich übernommen.

[91] Die Burg besteht seit dem 12. Jahrhundert. Bis 1255 im Besitz der Ministerialen von Münzenberg, bis 1418 im Besitz der Herren von Falkenstein, bis 1535 im Besitz der Herren von Eppstein, bis 1581 im Besitz des Grafen von Stolberg.

Festung gegen die Preußen. Die Preußen, in ihrem Feuereifer, sie zurückzuerobern, versuchten bei Tag und bei Nacht, eine Bresche zu schlagen. Da aber ihre Kugeln in der Nacht ihr Ziel verfehlten, zündeten die Franzosen Fackeln an, die sie auf den Mauern befestigten. Die Preußen waren dermaßen beleidigt über diesen Scherz, daß sie die Belagerung aufhoben, und zwar so endgültig, daß die Franzosen Königstein bis 1796 besetzt hielten. Dann sprengten sie die Festung.

Man fragte den Herzog von Nassau[92], warum er die von den Franzosen verursachten Schäden nicht repariere und die Burg wieder aufbaue.

»Gar nicht mal dumm!« entgegnete er, »denn diese Burg liegt genau in ihrer Schußlinie.« Wir hatten bereits Gelegenheit, festzustellen, daß der Herzog von Nassau ein geistreicher Mann war.

Die Lust überkam uns, mitten in dieser von den Franzosen geschaffenen Ruine zu Mittag zu essen. Ich lief ins Dorf, um einige Lebensmittel zu besorgen, aber das war keine einfache Sache aufgrund meiner Art und Weise, deutsch zu sprechen. Deshalb begab ich mich zu einem Barbier, in der Hoffnung, dieser habe durch die Beziehungen zu dem Kinn so manch eines Reisenden Gelegenheit gehabt, französisch zu lernen. Ich wurde auch nur zur Hälfte enttäuscht: Mein Barbier sprach zu mir lateinisch, echtes Lateinisch! Es war wahrscheinlich nicht so geschliffen wie das von Cicero, aber besser als das von Elvincourt. Es endete damit, daß wir ungefähr das bekamen, was wir haben wollten.

Was den Barbier betrifft, so wollte der keineswegs etwas annehmen für die Mühe, die wir ihm verursacht

---

[92] Die Burg war von 1803–1922 im Besitz des Herzogtums von Nassau.

hatten. So blieb mir nichts anderes übrig, als mir die Haare schneiden zu lassen, damit er etwas verdiente.

Von unserem Rastplatz aus, den wir uns auf der Plattform des Königstein eingerichtet hatten, genossen wir eine herrliche Aussicht. Zu unserer Linken der **Altkönig**, der einzige Berg im Taunus, den sich der Alpengeier zum Nisten ausgesucht hat. Der große **Feldberg**, von dem eine alte Sage behauptet, Königin Brunhilde habe sich dorthin zurückgezogen, und wo man noch heute ihre in den Felsen geschlagene Eremitage zeigt. Schließlich vor uns **Burg Falkenstein**. An ihre Ruine knüpft sich die Sage von Kuno von Sagen und Irmingard.

Das waren zwei junge Leute, die sich liebten. Beide waren jung, reich und von edler Herkunft. Jeder hatte gleich viel Vermögen. Ihrem Glück schien allein nur der schrullige Charakter des alten Grafen von Falkenstein im Wege zu stehen. In dem Augenblick, als der Ritter von Sagen um die Hand Irmingards anhielt, hatte deren Vater zweifellos gerade eine Magenverstimmung. Denn er führte den, der sein Schwiegersohn zu werden wünschte, auf einen Balkon, von wo man den ganzen Berg, auf dem die Burg erbaut war, überblickte. Man nannte sie Falkenstein, weil man fast die Flügel dieses Vogels benötigte, um zu ihr zu gelangen.

»Ihr haltet um die Hand meiner Tochter an?« sprach er. »Na gut, sie soll Euch gehören, doch zu einer Bedingung: Laßt zum Berg hoch einen Weg anlegen, auf dem man zu Pferde bis in den Burghof reiten kann. Denn ich beginne, alt zu werden, und der Anstieg zu Fuß ermüdet mich.«

»Das ist ein schwieriges Unternehmen«, sagte Sagen, »aber was soll's! Meine Bergleute sind die besten vom ganzen Taunus, und ich werde es versuchen. Wieviel Zeit räumt Ihr mir dafür ein?«

»Ich lasse Euch Zeit bis morgen früh um sechs Uhr.«

Sagen glaubte, falsch gehört zu haben.

»Bis morgen früh!« wiederholte er.

»Weder eine Stunde mehr noch eine weniger. Kommt morgen früh zu Pferd und haltet um die Hand meiner Tochter an, und dies auf einem Weg, auf dem ich sie zu Pferde zur Kirche geleiten kann. Dann wird Irmingard Euch gehören.«

»Aber das ist unmöglich!« rief Sagen

»Für Liebende ist nichts unmöglich«, entgegnete der Greis grinsend. »Also bis morgen, mein Schwiegersohn.« Und er schlug dem armen Ritter die Tür vor der Nase zu.

Sagen stieg ganz in Gedanken den vermaledeiten Pfad hinunter. Wenn man zu Fuß ging und sehr aufpaßte, konnte man gerade noch verhindern, sich auf ihm den Hals zu brechen. Den ganzen Weg entlang klopfte er mit der Schneide seines Schwertes den Berg ab. Aber es war wie verwünscht. Der Berg bestand aus dem härtesten Felsen, aus echtem Granit ältester Formation.

Nur um sein Gewissen zu beruhigen und sich später nichts vorzuwerfen, begab er sich zu seinen Minen. Am Eingang angelangt, ließ er den Anführer seiner Bergleute kommen.

»Wiegfried«, sprach er. »Du hast dich vor mir immer gebrüstet, der Tüchtigste unter deinen Arbeitskollegen zu sein.«

»Dessen rühme ich mich immer noch, mein Herr«, entgegnete Wiegfried.

»Also gut! Wieviel Zeit wäre nötig, wenn man alle Arbeiter dafür einsetzte, vom Fuß des Berges bis zur Burg Falkenstein einen Weg zu schlagen, auf dem man zu Pferde hinaufreiten könnte?«

»Wenn auch jeder andere dazu achtzehn Monate benötigte«, sagte der Bergmann, »ich würde die Arbeit in einem Jahr schaffen.«

Der Ritter seufzte und ersparte sich weitere Worte. Schließlich gab er dem alten Bergmann ein Zeichen, er könne zu seiner Beschäftigung zurückkehren. Gedankenvoll setzte er sich an den Eingang zum Stollen.

Er fiel in einen tiefen Traum, ohne gewahr zu werden, daß alle Arbeiter mit Beginn des Feierabends die Mine verlassen hatten. Bald brach der Abend herein und mit ihm dieser Augenblick, der schon nicht mehr zum Tag gehört und noch nicht zur Nacht, wo der Dunst der Erde in Schwaden zum Himmel aufsteigt, um als Tau wieder niederzufallen. Der Ritter jedoch sah nur eines vor sich: die unzugängliche Burg Falkenstein, verschwommen hinter den unwirklichen Nebeln der Wiesen.

Plötzlich hörte er jemanden seinen Namen rufen. Er drehte sich um. Oben auf der Leiter, die vom Stolleninneren nach draußen führte, erschien auf der letzen Sprosse ein altes Männlein. Es war so groß wie eine Elle, seine Haare und sein Bart waren weiß vom Alter, aber seine Augen blitzten wie die eines jungen Mannes.

»Ritter von Sagen«, wiederholte der Gnom.

»Ja, was willst du von mir?« fragte der Ritter und betrachtete mit Erstaunen die merkwürdige Erscheinung.

»Ich will dir meine Dienste anbieten. Ich habe gehört, was du von dem alten Bergmann wissen wolltest.«

»Weiter.«

»Ich habe auch gehört, was er dir geantwortet hat.«

Der Ritter stieß einen Seufzer aus.

»Das ist ein tüchtiger Junge, der sein Handwerk versteht«, fuhr der Gnom fort, »aber ich kann es noch besser als er.«

»Und wieviel Zeit bräuchtest du, um diesen Weg zu schlagen?«

»Mit der Hilfe meiner Mitarbeiter, versteht sich?«

»Mit der Hilfe deiner Mitarbeiter.«

»Ich, ich benötigte eine Stunde.«

Der Ritter stieß einen Freudenschrei aus.

»Eine Stunde! Wer bist du eigentlich?«

»Ich bin der Anführer der Zwerge, die tief im Innern der Berge wohnen.«

Der Ritter bekreuzigte sich.

»Oh, fürchte nichts. Wir sind weder den Menschen feindlich gesonnen noch sind wir von Gott verflucht. Wir sind die unsichtbaren Glieder, die Erde und Himmel vereinen. Aber um den Menschen ebenso sehr überlegen zu sein, wie es die Menschen den Tieren sind, stehen uns tausend Mittel zu Gebote, die deinesgleichen unbekannt sind.«

»Und unter diesen Mitteln hättest du eins, um den Weg in einer Stunde zu schlagen?«

»Ja, aber wie du weißt, gibt es nichts umsonst.«

»Was willst du damit sagen?« fragte der Ritter besorgt.

»Daß ich mich nur an das halte, was bei den Menschen üblich ist.«

»Ja gut! Sag, was du haben willst, und alles, was in Menschenmacht steht, alles, was mein Seelenheil nicht ins Verderben zieht, werde ich dir genehmigen.«

»Laß noch heute die Mine zur heiligen Margarete stillegen. Sie ist schon so nah an meinem unterirdischen Palast, daß ich in meinem Bett die Hammerschläge deiner Arbeiter höre. Ich fordere von dir kein großes Opfer, denn du mußt einsehen, daß die Ader erschöpft ist und das Erz sich rar macht.«

»Das ist alles?« rief der Ritter.

»Nichts weiter«, sagte der Gnom, »und ich gebe dir sogar noch ein Entgelt. Links von der Mine, dort, wo du den Kopf eines Pferdes finden wirst, da grabe, und du wirst zwei so ergiebige Adern finden, die sogar noch einen König bereichern können.«

»Hundertmal Dank!« sagte der Ritter, »von morgen an wirst du ruhig schlafen.«

»Dein Wort?«

»Bei meiner Ritterehre! Das deine?«

»Bei meiner Zwergenehre!«

»Und was soll ich jetzt tun?«

»Nichts, geh schlafen, träum von deiner Schönen, und morgen früh um fünf steig aufs Pferd, dann wirst du den fertigen Weg vorfinden.«

Nach diesen Worten verschwand der kleine Alte, als wäre er wegen einer fehlenden Sprosse unter seinen Füßen in den Abgrund der Grube gestürzt.

Der Ritter kehrte heim, ließ Wiegfried rufen, gab ihm den Auftrag, vom Beginn des nächsten Tages an die Arbeiten an anderer Stelle fortzuführen. Dann wartete er mit Ungeduld.

Als es vollends Nacht geworden war, näherte er sich seinem Balkon, der auf Falkenstein gerichtet war. Da er ungefähr eine halbe Meile weit entfernt war, hörte er nichts, aber er sah eine Vielzahl von Lichtern, die sich am Berghang hinauf und hinunter bewegten. Sie waren so zahlreich, daß man sie einen Schwarm von Glühwürmchen hätte nennen können.

Der alte Graf von Falkenstein hingegen hörte einen großen Lärm und lief zum Fenster, sah aber nichts. Es schien ihm, als ob Tausende von Bergleuten den Berg von unten her durchwühlten. Er hörte den Hammer widerhallen, er hörte die Spitzhacke greifen, er hörte die Felsbrocken rollen, und er sagte sich: »Das ist mein Schwiegersohn, der bei der Arbeit ist. Morgen, wenn es Tag wird, werden wir sehen, wie weit er gekommen ist.« Und er legte sich beruhigt, den kommenden Tag abwartend, wieder schlafen.

Um sechs Uhr morgens wurde er durch das Wiehern eines Pferdes geweckt. Gleichzeitig kam seine Tochter ganz fröhlich in sein Zimmer und rief: »Mein Vater, mein Vater, der Weg ist fertig. Hier ist Ritter Kuno von Sagen auf seinem schönen Schlachtroß, um Euch einen Besuch abzustatten.«

Aber der alte Graf wollte nicht glauben, was ihm seine Tochter sagte. Er fing an zu lachen und zuckte mit den Achseln. Als er jedoch ein zweites Mal das Wiehern eines Streitrosses vernommen hatte, erhob er sich und trat ans Fenster.

Der Ritter befand sich im Hof. Er tänzelte auf dem schönsten und muntersten seiner Paradepferde. In diesem Moment schlug die Schloßuhr sechs Uhr.

»Graf«, rief der Ritter und grüßte den alten Adelsherrn, »ich hoffe, Ihr haltet ebenso getreu Euer Versprechen wie ich mich pünktlich zur verabredeten Stunde eingefunden habe. Schon heute könnt Ihr, um zur Kirche zu gelangen, den Weg ausprobieren, den ich Euch letzte Nacht bauen ließ.«

»Ein Edelmann gibt nur einmal sein Wort, und ich habe das meine gegeben«, entgegnete der alte Graf. »Ist der Weg so, wie Ihr ihn beschreibt, so ist meine Tochter die Eure.«

Am gleichen Tag noch bewegte sich ein prächtiger Zug von Pferden von der Burg Falkenstein hinab, um zur Kirche von Kronberg zu gelangen. Er benutzte den aus dem Felsen gehauenen Weg, den es noch heute gibt. Man nennt ihn Teufelsweg.

Nach dem Mittagessen kletterten wir den Teufelsweg bis zum Falkenstein hoch. Von dort oben kann man im Umkreis von 150 Meilen bis zu 70 Städtchen, Burgen oder Dörfer zählen. Was die Berge betrifft, so erblickt man zwischen dem Altkönig und dem Feldberg, den man mit der Hand zu berühren meint, außerdem den Inselsberg bei Gotha, den Merkur bei Baden, den Donon in den Vogesen, das Siebengebirge bei Bonn, schließlich den Meißner in Niederhessen und den Habichtswald bei Kassel[93].

Inmitten dieses Panoramas erhebt sich die alte **Burg Eppstein**. Hätte ich nicht schon zu viele Sagen erzählt, würde ich auch noch deren Geschichte erzählen.

Auf dem Rückweg kamen wir durch **Kronberg** und fuhren durch seinen Kastanienhain aus dem 12. Jahrhundert. Einige dieser urwüchsigen Bäume leben noch. Sie sind die ersten, die in Europa gepflanzt wurden.

An der Trinkquelle in Soden

[93] Wörtlich aus dem Handbuch von Aloys Schreiber, 1831, übernommen. Schreiber bezog diese Aussicht allerdings auf den Feldberg.

Mannheim

Mannheim aus der Vogelschau, 1850

Es war von vornherein klar, daß ich von Mainz nicht mehr als das Gutenbergdenkmal zu Gesicht bekommen würde. Um zwei Uhr morgens kam ich dort mit der Postkutsche an, und schon um sechs Uhr fuhr ich mit dem Dampfschiff wieder ab.

Von Mainz bis Straßburg bieten die Ufer des Rheins keinerlei landschaftliche Besonderheiten mehr. Reizvoll sind sie höchstens noch, wenn man sich geschichtliche Daten von den Römern und Franken, von Julius Cäsar und Karl dem Großen ins Gedächtnis ruft. Die alten Burgen sind verschwunden, aber die alten Dome gibt es noch. Zumindest die Dome von Worms und Speyer muß man erwähnen, wenn man daran vorbeifährt.

Auf halbem Wege zwischen diesen beiden Städten, eine viertel Meile vom Rhein entfernt, liegt Mannheim, wo wir Station machten. Gegen sieben Uhr abends setzte uns das Dampfschiff am Ufer ab. Dort erwartete uns ein Überangebot an Pferdeomnibussen und Fiakern. Nach fünf Minuten stiegen wir auf dem großen Platz[94] aus.

Mannheim ist die Stadt der Romane August Lafontaines[95]. Sie strahlt eine behäbige Schwermut aus, die keineswegs des Charmes entbehrt. Der Tag nach unserer Ankunft war ein Festtag. Er belebte die Stadt und brachte ihre Eigenart noch besser zum Ausdruck. Übrigens habe ich noch nie eine hübschere Bevölkerung gesehen. Während der halben Stunde, die wir vor dem Portal der Jesuitenkirche standen, sahen wir mehr als fünfzig hübsche Frauen dort heraustreten. Die jungen Männer standen ihnen in nichts nach. Sie trugen blauweiße Uniformen und eine wundervolle Kopfbedeckung, die ihnen das Aussehen von Offizieren der komischen Oper gab.

Mannheim ist eine Stadt ganz in der Art des theatralisch mythologischen Rokoko, wie es bei uns auf die Regentschaft Ludwig XIV. folgte. Die Jesuitenkirche besitzt an ihrer Fassade zwei Nischen aus einer mir unbekannten Epoche. In diesen Nischen steht einmal eine Minerva, zum anderen eine Hebe, die, voll Erstaunen über ihren Standort, eine komische Figur abgeben.

Gegenüber befindet sich das Theater[96]. Ich nehme an, es stammt aus der gleichen Epoche, ist vom gleichen Architekten erbaut und weist den gleichen Zeitgeschmack auf. Die Portale werden von Sphinxen gekrönt, die Komödie und Tragödie darstellen. Unter ihren Klauen hält die eine eine Maske, die andere einen Dolch. Ihre

---

94 Vermutlich der Paradeplatz.

95 August Heinrich Lafontaine (1759–1831), Verfasser vieler Familienromane, durch Übersetzungen auch in Frankreich beliebt.

96 Nationaltheater, wo Schiller ab 1783 wirkte.

glattgekämmten Haare enden in einem gepuderten Knoten, was ihrem ägyptischen Charakter eine wunderliche Note hinzufügt.

Das Schloß[97], Hauptwohnsitz der Großherzogin Stephanie[98], stammt aus einer früheren Epoche. Folglich wirkt es prunkvoller. Der Schloßpark nach englischem Muster ist öffentlich. Dort hatten wir das Glück, zwischen zwei und vier Uhr am Nachmittag die feine Gesellschaft der Stadt vorbeidefilieren zu sehen. Diese zweite Kostprobe bekräftigte nur mein erstes Urteil. Mannheim ist, für seine Verhältnisse, sicherlich neben Arles die Stadt in Europa, wo es die hübschesten Frauen gibt.

Währenddessen hatte ich nicht vergessen, daß Mannheim Schauplatz des Attentats auf Kotzebue und der Hinrichtung von Sand ist[99]. Der Hotelinhaber gab mir einen seiner Laufburschen mit, der mich zu Kotzebues Haus führen sollte. Es ist das Eckhaus der Straße A 2 gegenüber der Jesuitenkirche. Auf die Gefahr hin, daß mein Verhalten etwas indiskret war, läutete ich dennoch an der Tür und ließ durch den Hotelburschen fragen, ob man das Zimmer anschauen dürfe, in dem der zwielichtige Berater ermordet worden sei. Ich hatte erwartet, daß der Hausbesitzer herunterkäme und mich begrüßen würde. Aber sei es, er hielt mich für einen Studenten und fürchtete, ihm könne das gleiche Los zuteil werden wie seinem Vorbesitzer, sei es, er hatte etwas Wichtigeres

---

[97] 1720–1760 von verschiedenen italienischen und französischen Architekten erbaut.

[98] Stieftochter Napoleons, wurde von diesem mit dem Großherzog Karl von Baden (1811–1818) vermählt, nahm ihren Witwensitz im Mannheimer Schloß.

[99] Das Attentat fand am 23. 3. 1819, Sands Hinrichtung am 20. 5. 1820 statt.

zu tun, jedenfalls erteilte er mir höflich die Erlaubnis, trat aber selbst nicht in Erscheinung.

Ich stieg etwa zwanzig Stufen hoch, kam dann in ein Vorzimmer, vom Vorzimmer in ein Studierzimmer, das als Bibliothek diente: Dort war das Verbrechen geschehen. Ich wollte die Dienerin ausfragen, aber die arme Schlampe war zu dumm. Ich konnte aus ihr nichts anderes herausbekommen als: »Herr Sand? Den kenne ich nicht. Er besucht meinen Herrn nicht.«

Ich kehrte zum Hotel zurück. Dort wollte der Kutscher von mir wissen, zu welcher Stunde ich am nächsten Tag die Kalesche benötige. Ich sagte ihm, augenblicklich, denn ich wolle noch am gleichen Abend in Heidelberg übernachten.

Zehn Minuten später stand die Kutsche vor der Tür. Ich bat den Gastwirt, mir, wenn möglich, die Stelle zu bezeichnen, an der Sand hingerichtet worden sei. Er gab dem Kutscher einige Anweisungen, und dieser versprach, an dem bezeichneten Ort anzuhalten. Nachdem wir die Stadt hinter uns gelassen hatten, hielt er tatsächlich auf der linken Seite der Straße nach Heidelberg. Er öffnete die Tür und zeigte auf eine Wiese, die, von einem Bächlein durchschnitten, ihren grünen Teppich fast über eine viertel Meile ausbreitete.

»Hier haben Sie Sands Himmelfahrtswiese«, sagte er.

Das Wort war zu lang und zu schwierig auszusprechen, um seine Bedeutung zu erfragen. Also begnügte ich mich damit, auszusteigen und einen Blick auf die Wiese zu werfen, ohne irgendeinen Anhaltspunkt zu finden.

Zum Glück kam in diesem Moment gerade ein Spaziergänger vorbei. Einige Schritte von mir entfernt hielt er an und schaute in die gleiche Richtung wie ich. Es war ein Mann um die Fünfzig, dessen füllige Gestalt ein ruhiges Wohlwollen ausstrahlte, das mich außerordentlich für ihn einnahm. Ich faßte Mut und ging zu ihm hin.

»Mein Herr«, sagte ich, »könnten Sie mir genau die Stelle zeigen, an der Sands Hinrichtung stattfand?«

»Gerne, mein Herr«, erwiderte er. Er stieg von der Straße auf die Wiese herab und gab mir Zeichen, ihm zu folgen. Ungefähr nach 150 Schritt hielt er auf einer Erhebung nahe dem Bächlein an. Mit seinem Spazierstock schlug er auf den Boden und sagte: »Hier geschah es.«

»Genau an dieser Stelle? Sind Sie sicher?«

»Ganz sicher, mein Herr, ich war nämlich dabei.«

»Wie! Sie waren zugegen! Sie haben Sand sterben sehen?«

»Ich habe ihn sterben sehen.«

»Sie befanden sich in der Zuschauermenge!«

»Nein, ich befand mich auf dem Schafott.«

Ich betrachtete ihn mit Erstaunen.

»Aber auf dem Schafott«, fragte ich ihn, »sind doch für gewöhnlich nur der Priester, der Hinzurichtende ... und der Henker.«

»An diesem Tag war eine vierte Person zugegen, denn ich gehöre nicht zu den drei von ihnen genannten Personen.«

»Aber dann erlauben Sie mir eine ziemlich direkte Frage: Wer sind Sie denn?«

»Ich bin der Direktor des Zuchthauses, in dem Sand dreizehn Monate gefangen gehalten wurde.«

»In diesem Fall müssen Sie ja wertvolle Einzelheiten über diesen jungen Mann kennen?«

»Ich bin im Besitz seiner Tagebücher, seiner Korrespondenz, meiner Erinnerungen an ihn und vielleicht des einzigen Abbildes von ihm, das es gibt.«

»Mein Gott!«, erwiderte ich, begeistert, daß ich auf diese völlig unerwartete Weise das gefunden hatte, was ich suchte, zugleich aber fürchtend, diese Gelegenheit könnte ungenutzt an mir vorübergehen. »Ich bin Ausländer, Franzose, wie Sie sehen können. Ich reise in Ihrem romantischen Deutschland herum, um alte und neue Geschichten zu sammeln. Würden Sie die Güte haben, mir dabei mit einigen Ihrer Auskünfte zu helfen?«

»Zu welchem Zweck, mein Herr, wollen Sie diese Auskünfte haben?«

»Zu einem übernationalen Zweck unserer beiden Länder. Von Sand wurde mir berichtet, er sei kein gewöhnlicher Mörder, sondern ein Mensch, der glaubte, er könne durch Selbstaufopferung sein Vaterland retten. In Frankreich kennt man Sand bis heute nur dem Namen nach. Man könnte ihn leicht mit Müller oder Meier in einen Topf werfen. ›Jedem der Platz, der ihm gebührt.‹ So möchte ich Sand auch gegenüber meinen Landsleuten auf den Platz rücken, den er verdient.«

»Und weshalb haben Sie sich nicht, wenn Sie schon in dieser Absicht hergekommen sind, vorsichtshalber einige Empfehlungsschreiben für Mannheim besorgt?«

»Ich hatte ja eines für Pastor D. aus Frankfurt. Und der gab mir diesen Brief für einen Chirurgen in Heidelberg, einen Dr. Widemann, mit.«

»Ach ja«, sagte er, »das ist jemand, der Ihnen ausgezeichnete Auskünfte geben kann, allerdings nur, was die letzten Augenblicke von Sand betrifft. Er war auch noch sehr jung. Sand hatte eigentlich mehr mit seinem Vater zu tun und nicht mit ihm.«

»Aber wer ist denn dieser Herr Widemann?«

»Das wissen Sie nicht?«

»Nein.«

»Das ist der Henker. Ein hervorragender Mann, der Henker geworden ist, weil schon sein Vater diesen Beruf ausübte.«

»Aber Sie irren sich, auf der Anschrift steht: Doktor der Chirurgie.«

»In Deutschland ist es Brauch, daß die Henker Chirurgen sind. Im übrigen hängt hierzulande, wie Sie wissen, am Beruf dieses letzten Richters, dem Scharfrichter, wie wir ihn nennen, keineswegs eine Schmach wie in Frankreich. Hier besucht der Henker Cafés und Kasinos. Wenn man ihm auch nicht gerade nachläuft, so ist er doch allgemein geachtet.«

»Das erstaunt mich um so mehr, da mir doch Pfarrer Smets[100] die Sage vom schwarzen Ritter erzählt hat.«

»Sie kennen Pfarrer Smets?«

»Er gab mir einen Brief mit für Doktor D.«

»Eigentlich müßte ich ihm böse sein, daß er mich dabei vergessen hat. Aber erlauben Sie, mein Herr, daß ich seine Vergeßlichkeit wieder gutmache. Alle Auskünfte, die ich über den armen Karl machen kann, stehen Ihnen zu Verfügung.«

»Ach, mein Herr, vielen herzlichen Dank!«

»Aber«, so fuhr mein Gesprächspartner fort, »wenn Sie sich über alles informieren möchten, werden Sie einen ganzen Tag benötigen.«

»Ein, zwei, acht Tage, falls das nötig sein sollte.«

»Aber Sie sind doch gerade auf dem Weg nach Heidelberg.«

»Jetzt nicht mehr.«

»Und Ihr Wagen?«

»Der wird ins Hotel zurückkehren.«

»Also gut! Fahren Sie mit ihm zurück. Sicherlich haben Sie noch einige Anweisungen zu machen. Ich erwarte Sie bei mir.«

---

100 Wilhelm Smets (1796–1848), patriotischer Dichter und Theologe in Köln und Aachen.

»In einer halben Stunde werde ich bei Ihnen sein.«
»Sie sind mir herzlich willkommen, mein Herr.«
Dann gingen wir auseinander, ich, um erneut mein Zimmer im Hotel zu buchen, und Herr G., um alle Unterlagen bereitzulegen, von denen er annahm, sie wären mir von Nutzen.«
Eine halbe Stunde später traf ich bei ihm ein.

Damit sich meine Leser überhaupt in die Beteiligten und die Begleitumstände hineindenken können, muß ich unbedingt mit wenigen Worten den Zustand umreißen, in dem sich Deutschland befand, als sich in Mannheim das große Drama abspielte, das ich erzählen will.

In dem Kapitel über Bonn habe ich bereits von dem Einfluß der Geheimbünde auf die deutschen Schriftsteller berichtet. Selbst die Regenten unterstützten die Burschenschaften, solange sie ihnen von Nutzen waren, denn aus ihnen rekrutierten sich die Freiwilligen fürs Heer. Beinahe jeder Student über sechzehn Jahre meldete sich für Leipzig und Waterloo. Diese jungen Leute beteiligten sich an den Schlachten von 1814 und 1815, dann kehrten sie wieder nach Göttingen, Heidelberg und Jena zurück, um ihre Studien fortzusetzen. Aber nachdem sie zwei oder drei Jahre unter deutschen Fahnen gekämpft hatten, konnte man ihnen nichts mehr vormachen. Es war lächerlich, sie nun wie Kinder zu behandeln. Soldaten waren sie, die, nicht durch Florett oder Degen Verwundungen davongetragen hatten, sondern durch französische Säbel.

Nach diesen beiden Schlachten fand an den Universitäten eine Art innerer Kampf statt, wobei selbst die Professoren in zwei feindlichen Lagern standen: Die einen standen auf der Seite der Regierung, die anderen ergriffen Partei für die jungen Patrioten, die in ihren

Hoffnungen so grausam getäuscht worden waren. Unter den Professoren, die sich zu Verteidigern ihrer Schüler erhoben, waren die Doktoren Oken[101] und Luden[102]. Ersterer war Professor der Naturwissenschaften, der zweite Professor für Geschichte.

Seit drei Jahren gab Dr. Oken in regelmäßigem Abstand eine Zeitschrift mit Namen Isis heraus, die sich bis dahin allein den Naturwissenschaften gewidmet hatte. Jetzt jedoch, als Oken sich mit seinen Schülern in seinen wichtigsten Grundauffassungen und seinem Glauben bedroht sah, begriff er, welch mächtige Waffe er in Händen hielt. War die Zeitschrift bisher neutral gewesen, so konnte sie jetzt aufgrund ihrer Verbreitung durch sehr viele Abonnenten gefährlich werden. Bar jeder anderen Möglichkeit, unternahm er schließlich einen Versuch. Plötzlich erschienen in Isis einige scharfe Beiträge der politischen Opposition. Sie wurden von den Lesern freudig begrüßt, von der Regierungsseite mit großem Erstaunen wahrgenommen. Der Großherzog von Weimar, ein hervorragender Vertreter des Adels, war jedoch gegen harte Maßnahmen und untersagte, gegen Oken vorzugehen. Als auf die ersten Beiträge allerdings weitere folgten, forderten Rußland, Preußen und Österreich wie aus einem Munde die Absetzung des Chefredakteurs der Isis. Nach lebhaftem Austausch mit diesen drei Mächten, mußte der Großherzog von Weimar ihrer Forderung stattgeben. Sie kam einem Befehl gleich: Oken hatte die Wahl zwischen seinem Lehrstuhl oder seiner Zeitung.

---

101 Lorenz Oken (1779–1851), ab 1807 Professor für Medizin in Jena, entwickelte eine Naturphilosophie. 1816 Gründung der »Isis«, die bis 1848 erschien.

102 Heinrich Luden (1780–1847), ab 1810 Professor für Geschichte in Jena. »Nemesis«, seine Zeitschrift für Geschichte und Politik, erschien von 1814–1818.

Dem gestellten Ultimatum widersetzte sich Oken. Er kenne kein Gesetz, das die beiden Aufgaben als unvereinbar ansehe. Solange es dieses Gesetz nicht gebe, werde er Lehrstuhl und Zeitung behalten. Als Folge dieser Antwort wurde er im Juni 1819 ohne Verfahren und Urteil seines Amtes enthoben. Der Ratsausschuß der Legislative des Herzogs von Weimar ließ diesen Gewaltakt des Staates nicht nur ausführen, er nahm auch seine Unrechtmäßigkeit in Kauf.

Die Schüler von Oken protestierten gegen dessen Absetzung, indem sie ihm einen goldenen Kelch schenkten, auf dem diese philosophische Lebensregel eingraviert war: »Absinth gab man dir zu trinken: Du, trinke Wein!«

Oken blieb Redakteur der Isis[103]. Diese fand nun noch mehr Anhänger, da ihr Redakteur zum Märtyrer der freiheitlichen Ideen geworden war, welche alle Jugendlichen in Deutschland zu diesem Zeitpunkt bewegten.

Luden seinerseits hatte 1814 eine andere Zeitschrift gegründet, die Nemesis. Dieses Blatt hatte sich zum Ziel gesetzt, den Haß gegen die Franzosen zu schüren, und darum wurde es selbst von der Heiligen Allianz zugelassen. Aber nach dem Frieden und der daraus folgenden Enttäuschung für die Deutschen, wendete der Journalist seine Feder gegen die, die allen Versprechungen zum Trotz ihr heiliges Ehrenwort gebrochen hatten. Luden, kühler und zurückhaltender im Wesen als sein Amtsbruder Oken, hatte jedoch seine Angriffe maßvoller und bewundernswert klug vorgenommen. In seinen Beiträgen wurde keine Person direkt angegriffen, es wurden nur einwandfreie geschichtliche Tatsachen zur Diskussion gestellt. Die Nemesis bot keinen Anlaß, sie zu verbieten. Ihre Gegner waren gezwungen, eine gün-

---

[103] Diese wurde nun in Leipzig gedruckt.

stige Gelegenheit abzuwarten, um sie zu überführen. Eine lebhafte Auseinandersetzung zwischen Kotzebue[104] und Luden lieferte ihnen diese Gelegenheit.

Ein von Luden selbst verfaßter Beitrag behandelte die Zivilverwaltung Rußlands sowie seine Außenpolitik. Die Beobachtungen, mit der gewohnten Zurückhaltung des gewandten Verfassers redigiert, hätten unter Umständen für diese mißtrauische Regierung nicht weiter bedenklich sein müssen. Dieser Beitrag fiel jedoch Kotzebue in die Hände. Jedermann kennt die seltsame Funktion, die Kotzebue in Deutschland für den Zaren Alexander ausübte. Zu dieser Zeit befand sich der geheime Berater einer autokratischen Majestät im offenen Streit mit den Universitäten. Nun nutzte er die Gelegenheit, um in einem weiteren Vortrag den Zaren Alexander über die deutschen Freiheitsbestrebungen aufzuklären, wie er sie aus dem Beitrag Ludens ersehen könne. Aus diesem zog er nur die Teile heraus, die verletzen konnten, ohne die sie ausgleichenden Passagen zu berücksichtigen. Er fügte noch äußerst beleidigende Bemerkungen über die Doppelrolle des Autors in der Öffentlichkeit und im Privatleben hinzu. Der Vortrag war in Französisch abgefaßt.

Es war Pech für Kotzebue, daß sein Originalmanuskript voller Verbesserungen eine Abschrift benötigte: Er gab seinen Vortrag für die Reinschrift einer Art öffentlichem Schreiber, der ihn mit nach Hause nahm. Nicht besonders bewandert in der französischen Sprache und be-

---

[104] August von Kotzebue (1761–1819), Herausgeber vieler politischer Zeitungen und Streitschriften, daneben erfolgreicher Verfasser von volkstümlichen humorvollen Theaterstücken, Gegner Napoleons, nach dessen Fall Monarchist und scharfer Gegner aller freiheitlichen Ideen der Studenten. Nach 1815 russischer Generalkonsul in Preußen, wird von Studenten als Spion angesehen.

sorgt, Fehler zu machen, fragte der Schreiber bei gewissen Worten und einigen Sätzen, die er nicht verstand, Doktor L. um Rat. Eine dieser Passagen war geradewegs gegen Luden gerichtet. Diese Schmährede erweckte die Neugierde des Dr. L. Nachdem er erfahren hatte, daß das Originalmanuskript von Kotzebue stammte, bat er den Kopisten, es ihm für ein paar Stunden dazulassen, da auch er bei der Entschlüsselung Schwierigkeiten hätte. Der Kopist war Dr. L. sehr verpflichtet und wagte deshalb nicht, ihm die Ansicht des Manuskripts zu verweigern, dessen Bedeutung ihm wahrscheinlich gar nicht bewußt war. Im zeitweiligen Besitz der Handschrift machte Herr L. sofort eine Abschrift, die er Luden zusandte. Dieser schrieb die beleidigendsten Passagen heraus und schickte sie, versehen mit eigenen Kommentaren über Kotzebue, zum Büro der Nemesis. Dort sollten sie für die nächste Ausgabe bearbeitet werden. Kotzebue bekam, man weiß nicht wie, Wind von der Untreue seines Kopisten sowie den Folgen, die diese Untreue haben würde. Augenblicklich lief er zum Außenminister, dem Grafen Lesdigny, und erzählte ihm die Sache. Der Graf Lesdigny sah voraus, daß eine Veröffentlichung die Geister nur noch mehr erzürnen würde. Da befahl er kurzerhand der Druckerei, die Fertigstellung der Zeitung zu stoppen. Aber sein Befehl kam zu spät: Die ersten Exemplare waren schon gedruckt. Da es keinen offiziellen Befehl gegen eine Veröffentlichung gab, beeilte sich der Drucker, die für Jena bestimmten Exemplare in Umlauf zu bringen. Das, was übrigblieb, wurde beschlagnahmt und eingestampft. Aber 200 bis 300 Exemplare kursierten bereits unter den Studenten. Danach veröffentlichte auch Oken den sträflichen Beitrag in Isis, die daraufhin auch beschlagnahmt wurde. Aber kurz danach erschien der verbotene Beitrag in einer von Wieland/Sohn herausgegebenen Zeitung. Auch diese Zeitung wurde beschlagnahmt und verboten. Aber das Ziel war erreicht: Der Aufsatz war in ganz Deutschland bekannt geworden. Kotzebue wurde öffentlich als Spion denunziert.

In seiner Wut veröffentlichte Kotzebue eine Broschüre gegen die Regierung des Großherzogs, gegen die Universitäten sowie gegen die Professoren, die er als Jakobiner bezeichnete. Sie war der dringende Ruf nach einer despotischen Regierung, das Alarmläuten gegen die freiheitlichen Ideen.

In Jena gab es zu diesem Zeitpunkt einen jungen Mann von fast zweiundzwanzig Jahren. Er lebte introvertiert und nachdenklich unter seinen Kommilitonen. Noch beinahe im Kindesalter hatte er an der Schlacht von Waterloo teilgenommen. Danach war er an die Universität zurückgekehrt, um dort sein Studium zu vollenden. Er gehörte zu denjenigen, die durch die politischen Enttäuschungen sehr verbittert waren. Jeden Tag notierte er in sein Tagebuch außer dem, was ihn bewegte, auch alles, was er an Gutem wie an Schlechtem vollbracht hatte. Am 24. November 1817 fiel ihm die Broschüre von Kotzebue in die Hände, und am gleichen Abend schrieb er in dies Tagebuch:

»Nachdem ich heute sorgfältig und fleißig gearbeitet habe, bin ich gegen vier Uhr mit E. ausgegangen. Auf dem Marktplatz haben wir von der neuen Veröffentlichung erfahren und sind verbittert über Kotzebues Anschuldigungen. Welche Wut gegen die Burschenschaften und gegen alles, was Deutschland berührt, hat dieser Mann in sich!«

Diente das Tagebuch bisher lediglich zur unschuldigen Wiedergabe von Freud und Leid eines jungen Mannes, so taucht nun zum ersten Mal der Name Kotzebue darin auf. Nach diesem Einwurf findet sich jedoch auf den folgenden Seiten weder eine versteckte Anspielung noch eine offene Beschuldigung. Am 31. Dezember des gleichen Jahres schreibt er in diesem mystischen Stil, der ihm eigen ist, in das gleiche Tagebuch:

»O Herr des Erbarmens! Ich begann das Jahr mit einem Gebet, aber in der letzten Zeit war ich zerstreut und ohne Antrieb. Wenn ich zurückblicke, muß ich leider erkennen, daß ich nicht vollkommener geworden bin. Aber ich habe mehr Einblick ins Leben bekommen, und sobald sich die Gelegenheit ergibt, fühle ich nun die Kraft in mir, zu handeln. Du hast mir immer beigestanden, mein Heiland, obwohl ich mich von Dir abgewandt hatte.«

Am nächsten Tag, dem 1. Januar 1818, beginnt der junge Mann ein neues Tagebuch. Auf die weiße Seite des Einbandes schreibt er, immer noch im gleichen Stil:

»Herr, lasse mich stark werden in dem Entschluß, den ich durch das heilige Opfer Deines Sohnes zur Erlösung der Menschheit gefaßt habe.«

Nach vier Monaten schreibt er: »Herr, warum hat sich diese ängstliche Schwermut meiner bemächtigt? Aber ein fester und beständiger Wille ist stärker. Der Gedanke ans Vaterland gibt den Traurigsten und den Schwächsten frohen Mut und Zuversicht. Wenn ich darüber nachdenke, erstaunt es mich immer mehr, daß es keinen einzigen unter uns gibt, der soviel Mut aufbrächte, Kotzebue oder einen anderen Verräter zu erdolchen.«

Am 18. Mai fährt er fort: »Ein einzelner ist nichts im Vergleich zum ganzen Volk. Das ist eine von Milliarden Einheiten, eine Minute von einem ganzen Jahrhundert. Der Mensch, dem nichts vorausgeht und nichts folgt, wird geboren, lebt und stirbt in einem mehr oder weniger langen Zeitraum, der, verglichen mit der Ewigkeit, kaum so lang wie ein Blitz andauert. Ein Volk indessen ist unsterblich.«

Schließlich schreibt er am 31. Dezember 1818, als er sich seines blutrünstigen Entschlusses sicher ist: »Ich verbringe den letzten Tag des Jahres 1818 in ernster und feierlicher Stimmung. Mein Entschluß steht fest. Das Weihnachtsfest, das gerade vorbeigegangen ist, soll das letzte gewesen sein, das ich gefeiert habe... Damit unsere Bemühungen Früchte tragen, damit die Menschenwürde in unserem Vaterland wieder hergestellt wird, damit in unserer gottlosen Zeit religiöse Gefühle wieder wachsen und sich Raum verschaffen können, allein deshalb muß es das Ziel sein, einen Schuft, einen Verräter, einen Verführer der Jugend, wie diesen niederträchtigen Kotzebue, zu Fall zu bringen. Ehe nicht das Werk, zu dem ich mich entschlossen habe, vollbracht ist, werde ich keine Ruhe finden. Herr, Du, der Du weißt, daß ich mein Leben dieser großen Tat geweiht habe, die mich ständig in Gedanken beschäftigt, gib mir, ich bitte Dich, echte Standhaftigkeit und Seelenstärke.«

Der junge Fanatiker, der Gott nicht nur zu seinem Komplizen, sondern sogar zum Anstifter eines Mordes machte, war Karl-Ludwig Sand.

Er wurde am 3. Oktober 1795 zu Wunsiedel geboren, war Sohn von Gottfried Christoph Sand, dem ersten Vorsitzenden und Rechtsberater des Königs von Preußen, sowie von Dorothea Johanna Wilhelmine Schapf, seiner Frau. Er war gerade 22 Jahre alt geworden.

Während seiner Jugend war er mehrmals wie durch ein Wunder einer Gefahr entkommen. Daraus schlossen manche, er sei von der Vorsehung für die Tat ausersehen gewesen.

Dumas hat sich mit dem Fall Sand/Kotzebue intensiv beschäftigt. Er plante sogar gemeinsam mit seinem Freund Gerard de Nerval ein Theaterstück, was sich jedoch zerschlug[105]*. Die drei folgenden Kapitel, die sich mit der Exekution von Sand beschäftigen, lassen wir aus und begeben uns mit Dumas gleich nach Heidelberg.*

---

[105] Nerval überarbeitete dieses Stück und ließ es 1839 in Paris unter dem Titel »Leo Burckart« uraufführen. 1996 wurde es von der Comédie Française mit Erfolg erneut aufgeführt.

Heidelberg

In dieser Universitätsstadt stieß ich erneut auf meine Spezies von Studenten. Sie sahen genauso aus wie die in Bonn. Wenn ihr Gesichtsausdruck ein anderer war, dann lag das nur an der unterschiedlichen Pfeife.

Vor dem Mittagessen war noch reichlich Zeit, die Schloßruine zu besichtigen. Also stieg ich den Berg hinauf. Nach einer viertel Stunde erreichten wir den Hof des pfälzischen Schlosses. Dieses ist, genau wie in Königstein, wiederum eine Ruine unserer (französischen) Fertigung, nur daß sie diesmal in den pfälzischen Erbfolgekrieg zurückreicht und durch Ludwig XIV. entstand. Mit Sicherheit ist sie eine der schönsten und malerischsten Ruinen, die er je vollbracht hat.

Stadt und Schloß Heidelberg

Das Innere des Schlosses (denn einige Teile sind noch erhalten und bewohnt) birgt zwei Sehenswürdigkeiten: die eine für Liebhaber von Altertümern, die andere für Liebhaber des Weins. Es handelt sich dabei um die Sammlung von Charles de Graimberg[106] und um das Große Faß Karl Theodors.

Vor dreißig Jahren fuhr Herr de Graimberg zur Heidelberger Schloßruine, um sie zu besichtigen. Er hielt sich einen ganzen Tag dort auf und kam am nächsten und am übernächsten Tag wieder. Schließlich entdeckte er eine Art kleines Zimmer, von dessen Fenster sich eine so herrliche Aussicht bot, daß er nachfragte, ob man dort ein Bett aufstellen dürfe. Seit dieser Zeit wohnt er dort und hat mit bewundernswerter Geduld, alles, was das Schloß und die Stadt Heidelberg betrifft, zusammengetragen: Bücher, Stiche, Bilder. Sein kleines Zimmer, heute um drei oder vier weitere vermehrt, ist inzwischen ein richtiges Museum geworden. Mit ausgesuchter Gefälligkeit ist er bemüht, es den Besuchern vorzuführen.

Die Geschichte des Großen Fasses ist länger, denn es ist die Geschichte einer ganzen Dynastie. Es gab nämlich das große Faß I, II, III sowie das große Faß IV.

[106] Französischer Maler und Kupferstecher, kam 1810 nach Heidelberg, um die Schloßruine zu malen, blieb in Heidelberg wohnen (Kornmarkt Nr. 5) und machte sich um Schloß und Stadt sehr verdient.

Das Große Faß I verdankt seine Entstehung Johann Kasimir (1583–1592), dem Frommen. Als dieser eines Tages, hoch oben von der Schloßterrasse, seinen Blick über Hügel und Ebene schweifen ließ, die ganz von Weinstöcken bedeckt waren, kam ihm der Einfall, sich wie Horaz[107] ein Denkmal zu setzen. Dieses Denkmal sollte ein Riesenfaß sein.

Alles, was an Böttchern aufzutreiben war, ließ Johann Kasimir in den Schloßhof kommen. Er erklärte ihnen, er wolle ein so großes Faß bauen, wie man es noch niemals gesehen habe: Der Bedeutung gemäß gewährte er ihnen uneingeschränkte Vollmachten und stellte ihnen unbegrenzte Geldmittel zur Verfügung. Die Handwerker, bei ihrer Ehre gepackt, forschten nun nach, was es auf diesem Gebiet an Herausragendem schon gab. Sie hörten von flämischen Fässern, die bis zu 40000 Liter faßten. Da zuckten sie nur mit den Schultern und machten sich an die Arbeit. Nach sechs Monaten luden sie Hans Kasimir ein, ihr Werk, an das sie gerade letzte Hand anlegten, zu begutachten. Das Große Faß faßte den Inhalt von 150000 Litern[108]. Johann Kasimir war von dem Faß hell begeistert. Da er spürte, daß er niemals etwas Besseres würde vollbringen können, beschloß er, das Zeitliche zu segnen, auf daß dieser Ruhm ihm auf ewig anhafte. Falls sich Bewunderer dieses Fasses eine Vorstellung von seinem Erbauer machen wollen, so finden sie dessen Statue im Schloßhof, und zwar im Untergeschoß der Kapelle, die sein Neffe erbaut hat. Es ist die Statue, deren Kopf, vom Rumpf getrennt, sich an die Rückseite der Nische lehnt. Eine Unglückskugel aus einer schwedischen Ka-

[107] Römischer Dichter, 65–8 v. Ch., verfaßte u. a. Hymnen auf den Wein.

[108] Das erste Große Faß schuf 1591 Michael Wärner aus Landau, es faßte 163000 Liter.

none brachte sie im Jahr des Herrn 1633 in diesen traurigen Zustand.

Leider passierte dem Faß Johann Kasimirs das, was allen menschlichen Werken geschieht: Durch die poli-

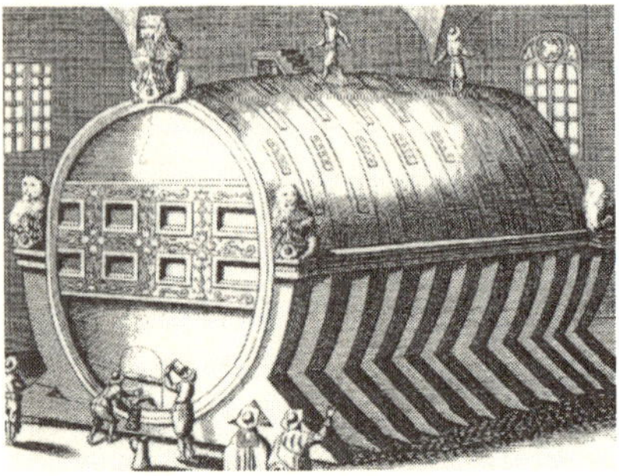

tischen Ereignisse schenkte man ihm keine Aufmerksamkeit mehr. Man vergaß, es zu füllen. Daraufhin trocknete es aus, wurde rissig und zersplitterte.

Nach dem 30jährigen Krieg stieg der Kurfürst Karl Ludwig (1648–1680) höchstpersönlich in seine Keller, um sich mit eigenen Augen davon zu überzeugen, in welchem Zustand das Wunder von Johann Kasimir sich befand. Daraufhin wurde im Rat beschlossen, es sei das beste, ein neues Faß zu bauen. Dem Größenwahn des Kurfürsten Karl Ludwig wäre es noch geschmeichelt, hätten die Lorbeeren seines Onkels ihm nur den Schlaf geraubt. Er ordnete den Bau eines neues Fasses an, das an Umfang und Pracht seinen Vorgänger vergessen lassen sollte. Die Handwerker machten sich an die Arbeit. Im Jahre 1664 war das Riesenfaß II vollendet. Es war um ein Drittel größer als das alte und besaß ein Fassungsvermögen von 220 000 Litern[109].

Außerdem, so wird überliefert, hatte man an der Vorderseite, auf einem Löwen reitend, die Figur eines Bacchus angebracht. Er war mit Weinlaub bekränzt und in beschwingter Haltung dargestellt, so wie es dem Gott des Weines gebührt. Er schien die Zecher zu

[109] Faß II faßte 195 000 Liter.

ermuntern, indem er ihnen mit seiner rechten Hand triumphierend einen großen ziselierten Krug entgegenschwenkte. In seiner anderen Hand hielt er einen Pokal von ebenso unvernünftigen Ausmaßen. Dazu hatte man noch oben auf dem Faß eine von einem Geländer umgebene Plattform angebracht. Auf dieser konnten vier Personen einen *Contredanse* ausführen.

Die Dichter drängten sich lobpreisend um das nationale Kunstwerk und um Karl Ludwig. Unmengen von Vierzeilern, dem einen durch den anderen Unsterblichkeit verheißend, wurden in die Seitenwände des Kolosses eingraviert. Der gute Kurfürst entschlief im Vertrauen darauf, daß sein Name nach einem solchermaßen vollbrachten Wunder auf ewig die Zeiten überdauern würde. Aber die Zeiten bemächtigten sich auch dieses Wunders.

Karl Ludwig hatte seine einzige Tochter Elisabeth Charlotte[110] mit »Monsieur«, dem Bruder Ludwigs XIV., verheiratet[111]. Nachdem sein Sohn, Kurfürst Karl, nach kurzer Regentschaft starb, beanspruchte Philipp von Orléans das väterliche Erbe seiner Frau, das ihr nun

[110] Es handelt sich um die durch ihre Briefe vom Versailler Hof berühmte Lieselotte von der Pfalz.

[111] Der Bruder des Königs, erster in der Erbfolge, wurde in Frankreich immer mit »Monsieur« tituliert.

in vollem Umfange zustand. Diese Erbschaft hätte ihm das Recht gegeben, im Reichstag zu wählen. Man antwortete ihm, in Deutschland sei es nicht Brauch, daß Frauen eine Lehnsherrschaft übernähmen. Er müsse sich folglich mit der Mitgift zufriedengeben, die er erhalten habe. Obwohl diese Begründung rechtmäßig war, gab sich »Monsieur« mit ihr nicht zufrieden. Er beschwerte sich bei seinem Bruder, und Ludwig XIV. begann den berühmten pfälzischen Erbfolgekrieg.

Dieser hatte für Heidelberg die Feuersbrunst von 1689 zur Folge. Welche Vorsichtsmaßnahmen man auch ergreift – bei einem brennenden Schloß geraten stets auch die Keller in Mitleidenschaft, und die Hitze der Flammen erreichte schließlich das Faß von Karl Ludwig. Es krachte auseinander und zerbarst.

Bedauerlicherweise hatte man Wichtigeres zu tun, als auf sein Ächzen herbeizueilen. Zudem hätte man es wegen seines enormen Umfangs sowieso nicht wegschaffen können. Man empfahl es also dem Schutze des Herrn. Der Herrgott aber hatte zu dieser Stunde sicher Kostbareres zu beschützen. So ließ er es geschehen, daß das arme Faß sich wand, knarrte und auseinanderkrachte wie sein Vorgänger Faß I. Vierzig Jahre lang blieb es in diesem beklagenswerten Zustand.

Dank des Friedens von Rijswijk, der Johann Wilhelm schließlich wieder die väterlichen Privilegien übertragen hatte, kamen auch die Kurfürsten wieder zu ihrem Besitz, zwar nicht mehr von Schloß Heidelberg, aber von dessen Ruine.

Karl Philipp (1716–1742) hatte aus alten Erzählungen erfahren, ein gewaltiges Faß müsse in den Schloßkellern verschüttet sein. Die Neugierde trieb ihn, dort einmal nachzuforschen. Nachdem er die Treppen vom Schutt hatte freilegen lassen, gelang es ihm unter großer Mühe, zu dem Koloß vorzudringen.

Karl Philipp war ein Verehrer alles Schönen. Die majestätische Größe, die das Große Faß II noch in seinem Mißgeschick bewahrte, berührte ihn. Als ehrerbietiger Sohn beschloß er, das Werk seiner Vorfahren wiedererstehen zu lassen. Unter Leitung des Hofböttchers Engler tauchte 1727 das Wunder von Karl Ludwig – auseinandergenommen, verändert und erheblich vergrößert – unter dem Namen Großes Faß III wieder auf.

Diesmal aber gab man der neuerstandenen Majestät einen ihr würdigen Wächter: nämlich die Statue des Hofnarren Perkeo[112], der nie ins Bett ging, bevor er tagsüber nicht achtzehn bis zwanzig Flaschen Wein getrunken hatte: Einen würdigeren Schutzpatron hätte man schwerlich auftreiben können.

Unglücklicherweise gingen die Riesenfässer alle gemeinsam mit ihren Gebietern zugrunde. Nach einer Regierungszeit von dreiundzwanzig Jahren schied das Große Faß III durch ein Unglück dahin, das in der Geschichte der Bacchantendynastie als Mißgeschick bezeichnet wird: Es wurde von einem unsichtbaren Riß heimgesucht, so daß es nichts mehr in seinem Körper behalten konnte.

---

112 Trinkfester Zwerg und Hofnarr des Kurfürsten Karl Philipp.

Dies Malheur geschah um 1750 unter der Regentschaft von Karl Theodor.

Karl Theodor hatte herausragende Grundsätze bei der rechtschaffenen Ausführung von Dingen: Zwar ordnete er an, alle sollten sich auf die Einweihung vom Großen Faß IV gefaßt machen. Aber klug geworden aus den Erfahrungen der Vergangenheit, ließ er nichts außer acht, um diesem 4. Monarchen eine lange und ruhige Regierungszeit zu sichern.

Die Handwerker übertrafen sich selbst. Das Riesenfaß IV wurde 1751 enthüllt, nachdem sein geräumiger Behälter 236 Fässer, das heißt beinahe 300 000 Flaschen, verschlungen hatte[113].

Glücklicher als seine Vorgänger, hat dieser Koloß Kriege und Revolutionen überdauert. Heute wird er den Reisenden als Kuriosität vorgeführt. Zu deren Riesenspaß hat man ringsum an seinen Flanken Leitern, Treppen und Laufgänge angebracht. Zum Vergleich hat man zwischen den Koloß und die Statue von Perkeo ein armseliges ganz normales Faß gestellt. Es sieht aus wie das Faß einer Puppe. Trotzdem hat nach Ansicht echter Kenner das armselige Faß dem stolzen Riesen viel voraus. Es ist voll, das andere dagegen leer.

Dieses Bild kann man auch auf das Volk und gewisse königliche Hoheiten des 19. Jahrhunderts anwenden.

---

[113] Es faßt 220 000 Liter.

Da wir allmählich einen ebenso leeren Magen bekamen wie seine Majestät, das Große Faß IV, kehrten wir ins Hotel zurück. Dort vernahmen wir lautes Gegröle aus dem Saal der Studenten. Am Vormittag hatte nämlich ein zünftiges Duell stattgefunden. Nun wurden Unmengen von Bier getrunken zum Wohle des Siegers und auf die Genesung des Besiegten, ständig begleitet von »Hurra«-Rufen und »Wivallerallera«, so daß man gar nichts mehr verstehen konnte.

Einst, das heißt von 1806 bis 1820, beherrschten drei königliche Hoheiten die Universitäten:

Da gab es den König der Meuchelmörder, eine Art *Vieux de la Montagne*[114]. Dem hingen die Schwärmer an, die glaubten, mit Hilfe der Faust könne man Verräter und Tyrannen aus der Welt schaffen. Eine Zeiterscheinung.

Dann gab es den König des Degens, eine Art Don Quichote. Er mußte sich mindestens dreimal pro Woche schlagen, um ein lockeres Handgelenk zu behalten und seinen Königstitel zu erhalten.

Schließlich gab es den König des Bieres, eine Art Schwamm. Er mußte weder drei noch sechs, auch nicht zwölf Flaschen trinken, sondern er mußte ununterbrochen trinken.

Je nachdem, ob man republikanische, ritterliche oder bacchantische Neigungen hatte, verband man sich mit einer dieser königlichen Mächte. Es gab sogar einige, von der Natur so reich ausgestattete Studenten, die es fertigbrachten, sich mit allen drei Mächten einzulassen. Diese waren dann Objekte allgemeiner Bewunderung.

---

[114] *Assassin* ist eine Wortableitung von »Haschisch«. Die französischen Kreuzfahrer bezeichneten eine mörderische Schiitensekte, die Haschisch rauchte, mit Assassins. Einer ihrer einflußreichsten Führer, Gegenspieler von Saladin, wurde von ihnen *Le Vieux de la Montagne* genannt (Dict. e. d'histoire, Paris 1978).

Man wies mit dem Finger auf sie, wenn sie vorbeigingen. Selbst die ganz »alten Häuser«, die »bemoosten Häuser«[115] wichen ihnen aus. Selbstverständlich hatten die »Füchse, Finken und Philister« noch viel mehr Grund dazu.

Der König der Meuchelmörder ist verschwunden. Vielleicht lebt seine Majestät ja noch in irgendeinem versteckten Winkel Bayerns, in irgendeiner verfallenen Burg Frankens oder in irgendeinem Bergmassiv des Schwarzwalds. Aber selbst wenn es ihn noch geben sollte, so wird nicht mehr von ihm gesprochen.

Die beiden anderen Könige jedoch blühen und gedeihen weiter. Obwohl Duelle streng verboten sind, vergeht keine Woche, in der nicht drei oder vier an jeder Universität ausgetragen werden. Unsere Gesetzesverfechter sollen sich im übrigen beruhigen: Obwohl diese Duelle immer blutig enden, so sind sie doch selten gefährlich. In Heidelberg habe ich mit einem alten Chirurgen gesprochen. Der erzählte mir, daß während der beinahe fünfzig Jahre, die er in der Stadt wohne, er nur zwei Todesfälle erlebt habe: Es kämen bedeutend mehr Studenten durch den Suff als durch Duelle um. Was beweist, daß hierzulande Bier schwerer verdaulich ist als Stahl.

Es grenzt wirklich an ein Wunder, wieviel manche Studenten trinken können. Der derzeitige Bierkönig der Universität von Heidelberg zum Beispiel vertilgt wahlweise zwölf Schoppen Bier oder sechs Schoppen Wein, das heißt zwölf Flaschen Hopfensaft oder sechs Flaschen Rebensaft, bis es Mittag läutet. Deshalb wird er allgemein der Trichter genannt.

Sonst bietet das Leben der Studenten wenig Abwechs-

---

[115] Bezeichnung für Studenten der letzten Semester.

lungen. Bei Tagesanbruch trifft der Studiosus Vorbereitungen für sein Duell, wenn er die glückliche Gelegenheit hatte, eines anzuzetteln. Wenn das nicht der Fall war, so dient er seinem glücklicheren Freund als Sekundant. Zum Frühstück kehrt er dann zurück.

Danach hört er seine Vorlesung in Philosophie, Theologie, Medizin oder Botanik. Um elf Uhr begibt er sich zum Hauboden. Um Mittag flaniert er durch die Stadt und auf der Promenade. Dabei umgibt er sich mittels seiner Pfeife mit so viel Qualm und macht mittels seiner Absatzhacken so viel Lärm wie nur möglich. Um zwei Uhr hört er gelegentlich eine Vorlesung eigener Wahl, die bis drei Uhr dauert. Danach hat er Freizeit bis Mitternacht, um die Hunde zum Bellen zu reizen, den Mädchen Treue zu schwören, die Bürger zur Verzweiflung zu bringen und um das Duell für den kommenden Tag in die Wege zu leiten.

Muß der Student ein Duell austragen, so begibt er sich ins Wirtshaus; um dort seine Sekundanten zu suchen. Mit diesen wird dann nach den Regeln des Comment[116] die Schwere des Falles beurteilt.

Einer unserer berühmtesten (französischen) Kollegen hat bereits sehr merkwürdige Einzelheiten über diese Vorschriften beim Duell des deutschen Studenten ver-

[116] Studentisches Regelbuch, das studentische Verhaltensweise festlegt, vgl. Bier-Comment und Pauk-Comment (Fechten).

öffentlicht. Wir konnten nun selbst überprüfen, ob diese Berichte stimmen. Es möge uns erlaubt sein, da die Handhabung unseres Themas uns förmlich dazu zwingt, diese Berichte fortzusetzen, indem wir sie mit einigen neuen Details vervollständigen.

Der Comment ist der ritterliche Ehrenkodex der Universitäten, das Evangelium der sich Schlagenden. Der Comment behandelt auch kleinste Details einer so wichtigen Angelegenheit wie des Duells. Er enthält eine Tabelle von Beleidigungen, die keineswegs alphabetisch, sondern nach der Schwere der Beleidigung geordnet sind. Die Skala der verletzenden Begriffe erreicht ihren Höhepunkt bei dem Wort Schafskopf. Das Wort Schafskopf erfordert eine Wiedergutmachung mit der Waffe: Im Vergleich dazu bedeutet Spitzbube nur eine Ohrfeige.

Der, der auf die Beschimpfung Schafskopf keine Genugtuung fordern würde, käme in den »Verschiß« oder in den kleinen Ausschluß. Aus dem kann er sich nur befreien, wenn er sich zu gegebener Zeit mit einem seiner Kommilitonen schlägt. Läßt er jedoch die Zeit verstreichen, ohne sich zu rehabilitieren, ist er ein ehrloser Mann und wird mit dem Bannstrahl des Universitätsreiches belegt. Jeder kann ihn fortan ungestraft grundlos beleidigen.

Der Comment regelt zugleich auch die Vergeltung. Jede beleidigende Titulierung wird in verschiedene gebräuchliche Abstufungen eingeteilt. Der Student kennt diese Einteilung so gut wie der Industrielle seine Gewerbeordnung: Sie gibt ihm die Möglichkeit, lediglich einfache Strafhaft oder schweres Zuchthaus zu verhängen.

Ist das Duell vereinbart, so werden augenblicklich die Wachen verständigt. Die Wachen sind die Hilfsposten der Studenten gegen die Polizei. In Heidelberg gibt es vier davon. Die mutigen Männer verteilen sich über die Stadt, vom Stadttor bis zu dem kleinen Haus, in welchem das Duell stattfinden soll. Denn verständlicherweise kann ein ernsthaft ausgetragenes Duell sich nicht unter freiem Himmel abspielen. Kampfort ist also für die Universität Heidelberg eine kleine, in einem Tal gelegene Herberge, auf der Rückseite des Kaiserstuhls[117]. Für ihre Dienste erhalten die Wachen jedesmal 40 Sous. Diese Ausgabe für die Ehre des Korps wird aus der Gemeinschaftskasse bestritten. So kann der ärmste Student genau so sicher sein wie der reichste, daß er sich unbesorgt schlagen kann.

Bei Tagesanbruch des nächsten Tages sind die Wachen auf ihren Posten. Manche gehen rauchend umher, andere unterhalten sich mit den Bauern, die morgens zur Stadt kommen. Der eine liegt in einem Graben und tut so, als ob er schlafe, ein anderer fischt im Neckar. Alle aber haben ein Auge auf das, was ihre eigentliche Aufgabe ist, und das andere auf das, was sie gerade wirklich tun.

Sicher, daß die Straße bewacht wird, machen sich nun die Studenten auf den Weg. Gegner und Sekundanten haben die Klinge ihres Degens oder ihres Floretts abgeschraubt. Sie halten diese Klinge über der Brust, von wo sie auf die Schenkel herabbaumelt. In einer Tasche haben sie den Degenknauf, in der anderen das Stichblatt. Der vorgeschriebene Notchirurg trägt sein Arztbesteck, Verbandszeug und Heftpflaster. Dann kommen die Schaulustigen. Denn Schaulustige bilden das Gefolge und dürfen immer teilnehmen, vorausgesetzt sie gehören zur Universität. Sie sind den Knappen des Herrn von Marl-

117 Der Heidelberger Berg »Königsstuhl« wurde nach dem Besuch von Kaiser Franz, 1815, »Kaiserstuhl« genannt, heute wieder mit dem alten Namen.

borough[118] vergleichbar oder Jausion, der nur seinen Spazierstock mit sich führte.

Den ganzen Weg entlang befragt man die Wachen. Sind die Zeichen widrig, so macht man eine halbe Wende nach rechts, kehrt zur Stadt zurück, und das Duell wird auf den nächsten Tag verschoben. Sind die ausgetauschten Zeichen ermutigend, setzt man seinen Weg fort und gelangt zur Herberge. Der Wirt versteht sein Geschäft: ein wenig Blut auf dem Parkett und viel Bier auf dem Tisch.

Die Herberge ist ein hübsches kleines Haus, rosa und hellgrün angestrichen und ganz von Blumen umgeben. An den Wochentagen schlägt man sich dort, an Sonn- und Feiertagen wird getanzt. Tatsächlich wird nämlich auf der anderen Seite des Rheins getanzt, obwohl alle Reisenden, die über dieses interessante Land berichtet haben, lediglich den Walzer erwähnten. Es stimmt schon, daß man einen Deutschen nur mit Hilfe von Posaunen, großen Trommeln und Becken in Schwung bringen kann. Ist er aber einmal am Tanzen, dann hört er gar nicht mehr auf damit. Er ist ein Tanzkünstler mit Dampf im Hintern. Er tanzt mit der Antriebskraft von 120 Pferden.

Tanzsaal und Hauboden sind übrigens durch einen kleinen, duftenden, schattigen Garten getrennt. Mit Bedacht hat der Inhaber der Herberge das so eingerichtet, damit man den Ballsaal, falls dort ein Streit ausbricht, augenblicklich leeren kann. Wie man sieht, ist die Herberge vom Kaiserstuhl das reinste Paradies.

---

[118] Herzog von Marlborough, englischer General, kämpfte gegen Ludwig XIV. Dumas spielt auf ein bekanntes französisches Kinderlied an, das vermutlich 1722, nach dem Tod des Herzogs entstanden ist: Darin tragen vier Knappen ihren Herrn zu Grabe: »Der 1. trug die Mütze, der 2. den Harnisch, der 3. den Degen und der 4. … nichts.«

Nach ihrer Ankunft in dem Hauboden-Saal schließen sich die Studenten dort mit größter Sorgfalt ein. Dann ziehen sich die Gegner für ihr Duell an. Indessen regeln die Sekundanten mit dem Comment in der Hand die Bedingungen des Kampfes.

In einem so exzentrischen Land wie Deutschland schlägt man sich nicht wie bei uns, ganz einfach, um sich umzubringen, nein, man schlägt sich um des Schlagens willen. Es ist ein Vergnügen, das nur ein wenig gefährlicher und spannender ist als andere Vergnügungen. Aber deshalb will man es doch nicht gleich aufgeben. Folglich zieht man, anstatt sich seiner Kleider zu entledigen, andere an oder vielmehr eine komplette Rüstung.

Diese Rüstung setzt sich folgendermaßen zusammen: aus einem großen Filzhut mit breiten Rändern, der den Kopf schützt und das Gesicht beschattet; einem besonders breiten Gürtel, dem Brustleder einer Rüstkammer verwandt, welcher Brust und Bauch abdeckt; einem sorgfältig gepolsterten Strumpf, der anstatt am Bein am Arm getragen wird und diesen von der Schulter bis zur Faust schützt, und schließlich einer Thermidor-Halsbinde[119], zum Schutze von Halsschlagader und Luftröhre. Solchermaßen ausgestattet bietet man dem Gegner eigentlich nur ein kleines bißchen von der Wange sowie die Nasenspitze.

Ich vergaß noch den Handschutz, den man statt des Griffrings an der Klinge des Degens anschraubt. Der ist von solchen Ausmaßen, daß Spielverderber ihn wegen der Ähnlichkeit mit diesem Objekt die »Suppenschüssel der Ehre« nennen.

Hinzufügen muß man noch, daß es verboten ist, vorzustoßen und daß man nur mit der Degenspitze schlagen darf.

Vorbehaltlich dieser mehr oder weniger genau befolgten Vorsichtsmaßnahmen, entsteht, trotz einiger blutiger Ausnahmen, für einen Studenten keine große Gefahr, Schafskopf genannt zu werden.

Während sich die Duellanten nach jedem Gang[120] auf der Spitze ihres Degens ausruhen, fegen zwei Knaben Bruchstücke von Hut, Gürtel, Stehkragen und Armmuffe hinweg, die die Gegner mit ihren Hieben abgehauen haben. Nach einem Signal geht dann der Kampf weiter, kommt zum Stillstand, wird fortgesetzt, so lange, bis die Vorschriften des Comment peinlich genau erfüllt sind. Es kommt oft vor, daß ein Duell zwar mit schmerzhaften Prellungen, aber doch ohne schwere Verletzungen zu Ende geht. Man hat Federn gelassen, das ist alles.

---

[119] In der Zeit des Thermidor (20. 7.–18. 8.) wurde Robbespierre ermordet. Von da an herrschten wieder die Aristokraten mit ihren Halsbinden.

[120] Fechtersprache.

Die preußische Regierung muß schon eine sehr fürsorgliche Regierung sein, um dergleichen Vergnügungen zu verbieten.

Von Heidelberg wollte ich nicht abreisen, ohne der Herberge vom Kaiserstuhl einen Besuch abgestattet zu haben. Da ich jedoch nicht die Ehre habe, Student zu sein, durfte ich lediglich den Tanzsaal betreten. Da dieser zu jener Stunde aber weder Tänzer noch Orchester aufwies, verspürte ich verständlicherweise kaum größeres Interesse, dort länger zu verweilen.

So kehrten wir gleich nach Heidelberg zurück. Da es erst zwei Uhr mittags war, ließen wir die Pferde anspannen und begaben uns nach Karlsruhe, wo wir gegen elf Uhr abends ankamen.

Karlsruhe

Karlsruher Marktplatz in südlicher Richtung

Als ich am nächsten Morgen im Hotel d'Angleterre[121] mein Fenster öffnete, hatte ich vor meinen Augen den schönsten Ausblick auf Karlsruhe, nämlich auf den Marktplatz.

Karlsruhe ist eine Hauptstadt im Miniaturformat. All das, was andere Städte im großen besitzen, hat sie im kleinen: ein Theater, eine Kirche, eine Pyramide und einen Obelisken. Da es nur einen Platz gibt, hat der Großherzog alle seine Denkmäler gleich bei der Hand. Bequem ist das auf jeden Fall. Überdies ist die Stadt in der Form eines Fächers gebaut, alle Straßen laufen, wie von einer Schnur gezogen, spitz aufs Schloß zu. So

[121] Bei Aloys Schreiber 1831 noch »Hotel d'Angleterre«, bei Baedeker 1849 »Englischer Hof«.

braucht sich Seine Hoheit nur auf den Balkon zu begeben, und schon kann er mit bloßem Auge alles beobachten, was in der Hauptstadt geschieht. Das muß besonders den Einsatz jener ehrenwerten Einrichtung vereinfachen, die man Polizei nennt.

Eine Laune des Großherzogs Karl[122] führte zur Stadtgründung. Dieser hatte die Angewohnheit, im Hardtwald zu jagen. War er einige Zeit dieser Beschäftigung nachgegangen, pflegte er sich auf einer Holzbank auszuruhen. Diese befand sich an einem Platz, den er ganz besonders liebte. Eines Tages kam ihm die Erleuchtung, es sei doch wesentlich bequemer, sich in einem ordentlichen Schloß auszuruhen, anstatt auf einer morschen Bank. Bei der nächsten Jagd ließ er seinen Architekten kommen und zeigte ihm den fraglichen Ort. Der Architekt befand, daß man den Platz nicht besser hätte wählen können. Bereits im Herbst 1715 konnte sich der Großherzog in dem neu erbauten Schloß ausruhen[123]. Von dieser Geschichte rührt der Stadtname her, der soviel heißt wie *repos de Charles*.

Einer meiner Freunde, ein sehr geistreicher Mann, hatte das Pech, als Gesandter von Frankreich vier Jahre in Karlsruhe zu wohnen. Der sagte mir, es sei die langweiligste Stadt Deutschlands, wo doch Deutschland schon ohnehin das Land der langweiligen Städte ist.

Ich habe mich nur eine Nacht und einen halben Tag lang in Karlsruhe aufgehalten, und ich bin genau der Ansicht dieses Herrn Gesandten.

Verläßt man die Hauptstadt des Großherzogs, so über-

---

[122] Karl Wilhelm, Markgraf von Baden-Durlach, 1679–1738.

[123] 1715 war die Grundsteinlegung, doch erst zwei Jahre später war der Fachwerkbau des Schlosses vollendet.

quert man auf einer Brücke mit nur einem Bogen einen Bach von acht Fuß Breite[124]. Das ist der Nil, der zu Pyramide und Obelisk des großen Platzes gehört.

Nach drei Stunden erreichten wir Rastatt, die alte Residenz der Markgrafen von Baden-Baden. Nachdem Karlsruhe ihr den Rang abgelaufen hat, kümmert die arme Stadt gedemütigt vor sich hin. Auf ihren beiden Plätzen wächst Gras, das Schloß[125] zerfällt mehr und mehr. Zwischen dem abbröckelnden Verputz erscheint bereits das Mauerskelett aus Ziegelsteinen. Trotz seines ruinösen Zustandes besichtigte ich das Schloß, und das nicht allein aus geschichtlichen Gründen. Selbst ohne historische Bedeutung verdiente es, daß man dort anhielte, da es nämlich eine wundervolle Möblierung aus der Zeit Ludwigs des XIV. birgt.

Das Schloß von Rastatt wurde von der Markgräfin Sibylla Augusta[126] erbaut. Diese muß einen bemerkens-

[124] Der Bach hieß Landgraben und war ein Kanal, der ab 1750 von der Pfinz in Durlach quer durch die Stadt in die Alb führte. Ab 1864 wurde er überwölbt, später in die städtische Kanalisation einbezogen und liegt heute unter Straßen.

[125] 1699–1707 unter Ludwig Wilhelm (Türkenlouis) erbaut.

[126] Seit 1690 Gemahlin des Türkenlouis, übernahm nach dessen Tod 1707 die Regentschaft bis 1733.

werten Geschmack und einen überlegenen Geist besessen haben. Ein lebhaftes Verlangen ergriff mich, zwei oder drei Tage in einem dieser schönen Räume mit den großartigen Wandbehängen[127] zu verweilen, um dort ganz nach Lust und Laune die Briefe der Madame de Sévigné oder die Erinnerungen von Bussy-Rabutin zu lesen. Mir scheint, daß dadurch sowohl die Räume wie auch die Bücher noch an Wert gewonnen hätten.

Die Wandbehänge, das Porzellan sowie die Chinoiserien der Markgräfin würden in einem unserer Rokokosalons Entzücken hervorrufen. Neben diesen sind aber weitere, nicht weniger kostbare Kuriositäten ausgestellt, die ihr Mann, der Markgraf Ludwig Wilhelm zusammengetragen hat. Es sind dies durch ihn selbst von den Türken erbeutete Trophäen – Waffen und Fahnen –, die zwei Säle füllen. Ein dritter Saal beherbergt eine ebenso seltene Kuriosität: vier Porträts in Lebensgröße von den vier Frauen des Pascha, die der Sieger als Gefangene nach Rastatt gebracht hatte. Dieser Teil der Kriegsbeute, so wird versichert, sei der Markgräfin am wenigsten willkommen gewesen.

In Rastatt fanden zwei Kongresse statt. Am ersten, 1714[128], nahmen der Prinz Eugen und der Marschall Villars teil. Entlang der Holzverkleidung[129] werden noch heute die Tintenflecken gezeigt, die der Marschall Villars verursachte, als er in einem Wutanfall seine Feder an die Wand warf. Man hatte ihn genötigt, einen Paragraphen zu unterzeichnen, den er in Anbetracht der Größe Frankreichs für unwürdig hielt.

---

[127] Es handelt sich um flämische Wirkteppiche, sog. Verdüren, Waldlandschaften, um 1730.

[128] Ende des spanischen Erbfolgekrieges.

[129] Im Schreibkabinett Ludwig Wilhelms.

Ein weiterer Kongreß hinterließ keine Tinten-, sondern Blutflecken. Auch diese sind nicht weggewischt, obwohl sie Österreich beflecken. Es handelt sich um den Kongreß von 1797, der bis 1799 andauerte und den Mordanschlag auf Jean de Bry, Robergeot und Bonnier d'Alco zur Folge hatte.

Der Anschlag fand am 28. April 1799[130] statt, nachdem sich der Kongreß seit zwei Jahren in die Länge gezogen hatte. Als Österreich sah, daß sich die Dinge zu Gunsten Frankreichs entwickelten, brach es kurzerhand die Verhandlungen ab. Die französischen Handlungsbevollmächtigten erklärten nach diesem Abbruch, daß man sie nur mit Gewalt von dem Ort entfernen könnte, wo sie von der Nation hinbeordert worden seien und sie solange in Rastatt bleiben würden, bis die Nation sie zurückriefe. Daraufhin belagerten die Österreicher die Stadt. Österreichische Patrouillen beschlagnahmten Briefe, die an die französische Regierung gerichtet waren, und schnitten damit die Verbindung zu Frankreich ab. Der Präsident der Abordnung, Bonnier d'Alco, erhielt Weisung, nach Straßburg zurückzukehren. Am 28. April traf er Vorbereitungen, die Stadt zu verlassen, nicht ohne den Österreichern mit dem Zorn des Direktoriums zu drohen. Kaum erreichten die drei Deputierten, die in zwei Wagen auf der Straße entlang des Rheins unterwegs waren, Rheinau, als plötzlich ein Husarentrupp der Szeklers aus dem Schwarzwald herangaloppierte und sie mit dem Säbel in der Hand angriff. Robergeot töteten sie in den Armen seiner Frau. Dann zogen sie Bonnier d'Alco und Jean de Bry aus dem Wagen. Den ersten ließen sie tot am Fuße eines Baumes, den zweiten

[130] Nach Baedeker 1849 fand die Ermordung von Robergeot und Bonnier am 23. April 1799 durch Szekler Husaren statt.

sterbend auf der Landstraße zurück. Nachdem sie sich in den Besitz aller, die Mission betreffenden Papiere gebracht hatten, verschwanden sie wieder in dem Wald, aus dem sie hervorgekommen waren.

Die Witwe von Robergeot, die schwangere Frau von Jean de Bry sowie ihre zwei Töchter verfrachteten alsdann mit übermenschlichem Mut den Verwundeten und die Toten wieder in die Wagen. Sie fuhren zurück nach Rastatt, um von den elf Bevollmächtigten, die sich dort noch aufhielten, Gerechtigkeit für diese Verletzung der Menschenrechte zu fordern. Aber was sie auch alles im Namen Frankreichs vorbrachten – als Witwen und Waisen erreichten sie lediglich ein vom preußischen Minister aufgesetztes und von seinen Kollegen unterzeichnetes Protokoll, das die Ermordung bestätigte und als Mörder Szekler Husaren des österreichischen Regiments festmachte.

Jean de Bry erholte sich von seinen Verletzungen. Als er als Mitglied zum Großen Rat[131] zurückkehrte, wurde er zu dessen Präsidenten gewählt. Der Platz von Bonnier im Rat der Alten[132] blieb zwei Jahre unbesetzt und wurde mit einem Trauerflor bedeckt. Jedesmal, wenn bei der Sitzungseröffnung sein Name aufgerufen wurde, rief darauf der Präsident: *Vengeance* – Rache!

Oben, vom Belvedere des Schlosses aus, das von einer vergoldeten Jupiterstatue aus Bronze gekrönt wird, hat man eine herrliche Aussicht. Man kann sich dort vom Hausmeister das kleine Wäldchen zeigen lassen, wo sich der dreifache eben geschilderte Mordanschlag abgespielt

---

131 Aktive Legislative des Direktoriums, bestehend aus 500 Mitgliedern, jeweils auf drei Jahre gewählt, am 1. 11. 1799 von Napoleon aufgelöst.

132 Passive Legislative des Direktoriums, bestehend aus 250 zahlenden, meist adligen Mitgliedern.

hat. Steigt man vom Belvedere herab, so entdeckt man im Gang zwei weitere Porträts, die jedoch keine Füße, sondern Pfoten besitzen: Das sind die Abbilder der beiden Riesenkatzen – erstere, eine Wildkatze, wurde Opfer des Markgrafen Ludwig Wilhelms. Seine Hoheit erschoß sie bei einer Jagd im Schwarzwald.

Die zweite war der Liebling der Markgräfin Sibylla Augusta. Da sie sich der Wichtigkeit einer solchen Stellung voll bewußt war, hinterließ sie, ganz nach dem Beispiel aller großen Persönlichkeiten, selbstverfaßte Memoiren. Da diese Memoiren den Vorteil haben, knapper gehalten zu sein als die, mit denen uns heutzutage Buchhandlungen heimsuchen, hat man sie gleich unter das Porträt geschrieben. Sie lauten folgendermaßen: »Im Alter von zwei Jahren kam ich hierher. Damals wog ich 18 Pfund. Während der vier Jahre, die ich in der Nähe meiner Herrin Augusta lebte, habe ich so viele gute Hühner, so viele gebratene Kapaune und so viele fette Gänse gegessen, daß ich nun beinahe ein Gewicht von 33 Pfund erreicht habe.«

Hier enden die Memoiren. Eine Magenverstimmung wird dem beachtlichen Rodillard und damit seinen gastronomischen wie literarischen Taten den Garaus gemacht haben.

Der Hausmeister versicherte mir, daß diese wenigen Sätze Hoffmann[133] zu seinem »Kater Murr« angeregt hätten.

Das Schloß von Rastatt hatte uns Lust auf weitere Bauten der Markgräfin Sibylla gemacht. Wir beschlossen, am nächsten Tag auch noch Favorite zu besichtigen, dann das Murgtal hochzufahren und über Staufenberg

[133] E. T. A. Hoffmann ist hier gemeint.

nach Baden zurückzukehren. Um dies alles zu erledigen, mußten wir einen vollen Tag einrechnen.

Unser erster Besuch galt dem Schloß Favorite. Ein solches Schloß sollte man nicht beschreiben. Man sollte dazu ermuntern, hinzufahren, damit Leute, die gerade nichts Besseres vorhaben, sich auch wirklich zur Besichtigung des Schlosses der Markgräfin Sibylla aufmachen[134]. Das ist vielleicht das vollkommenste Modell des Rokoko in höchster Blüte. Es stammt aus dem Jahre 1725[135], der Hochzeit des Rokoko. Das einzige, was dem ganzen Ensemble zum Nachteil gerät, sind die Mahagonibetten sowie die gelben und roten Baumwollvorhänge, die der jetzige Großherzog kühn mitten in die Wunder der vormaligen Regentschaft eingebracht hat. Man sagt, daß Sibyllas Schatten zurückkehrt und es die Strafe des Himmels für ihre läßlichen Sünden ist, diese Vorhänge und Betten inmitten der anmutigen Möbel zu sehen, die nach ihren eigenen Entwürfen angefertigt wurden.

Wenn das stimmt, so müssen diese Sünden größer gewesen sein als man sich erzählt. Es sei denn, die charmante Markgräfin hat sich die Liebhaber bis nach ihrem Tode aufgespart.

Wir verabschieden uns von ihr und wünschen ihr ein möglichst rasches Ende einer so grausamem Strafe.

---

[134] Barockes Lustschloß der Markgräfin, von Ludwig Rohrer 1709–1711 erbaut.

[135] Es handelt sich da eher um die Innendekoration, die erst 1729 abgeschlossen war.

Von Kuppenheim aus fährt man in das Murgtal. Kuppenheim, eine hübsche kleine Stadt mit circa 1800 Seelen, liegt in sehr malerischer Landschaft. Da es aber ansonsten nichts Besonderes zu bieten hat, hielten wir uns dort nur zum Mittagessen auf und setzten unsere Fahrt fort.

Nach Kuppenheim machte uns unser Fremdenführer auf das Dorf Rotenfels und einen Felsen aufmerksam, dessen blutrote Farbe der Ortschaft den Namen gab. Auf dem Felsen erblickten wir die Ruine einer alten Burg. Hier nun die Geschichte des letzten Lehnsherrn, der sie bewohnte.

Das war ein Mann von düsterem und strengem Wesen. Nacheinander hatte er drei Ehefrauen, die alle auf unerklärliche Weise verschwanden. Man raunte sich jedoch zu, daß er seine erste Frau, nachdem sie ihm drei Jahre nach der Heirat immer noch keine Kinder geschenkt hatte, vergiftet habe, um eine zweite zu heiraten. Auch die zweite war im dritten Jahr noch unfruchtbar. Er richtete es irgendwie so ein, daß er eine dritte heiraten konnte, derer er sich nach drei Jahren genauso entledigte wie von den beiden anderen.

Von nun an lebte er einsam in seinem Schloß, ohne Erben, ohne Verwandte, ohne Freunde. Seinen Ingrimm ließ er an den armen Bauern aus, denen er so viel Arbeit aufbürdete, daß mehrere an Erschöpfung starben. Zu letzteren gehörte auch ein argloser Alter mit Namen Gottfried. Im Dorf wurde sein Tod sehr beklagt, erstens, weil er sehr beliebt war, dann aber auch, weil er eine kleine Waise von sieben Jahren zurückließ.

Die Bauern beschlossen daraufhin, Geld zu sammeln und die kleine Klara auf Gemeindekosten zu erziehen. Glücklicherweise waren die Kosten nicht hoch, denn die Leibeigenen des Grafen von Rotenfels waren so arm, daß sie es anders nicht hätten bewerkstelligen können. Ein Stück Brot am Tag und ein Kleid im Jahr genügten. Da das Mädchen wunderbar spinnen konnte, spann es sich selbst die Garne für die übrige Bekleidung, die der Leinenweber des Dorfes ihm kostenlos anfertigte.

So vergingen sieben Jahre, in denen Klara zu einem schönen jungen Mädchen heranwuchs. Von vielen wurde sie begehrt, sie jedoch gab vor allen dem Gärtner des Schlosses den Vorzug. Dieser hatte aufgrund seiner Stellung manchmal die Möglichkeit, seinen Herrn zu treffen. Dabei bat er mehrmals um die Erlaubnis, sich verheiraten zu dürfen, aber stets hatte der Graf ihm diese verweigert. Endlich, als er noch einmal seine Bitte vorzubringen wagte, fragte ihn der Graf: »Und mit wem willst du dich verheiraten?«

»Wenn Ihr es erlaubt, mein Herr, mit dem Klärchen.«

»Wer ist denn das Klärchen?«

»Mein Herr«, brachte der Gärtner mit einiger Verlegenheit heraus, »es ist des armen Gottfried Tochter.«

»Ach ja, ich weiß«, erwiderte der Graf, »es ist die, die man Waise nennt, nicht wahr?« Der Gärtner nickte. »Also, dann schick sie mir. Sie soll wunderbar spinnen können?«

»Ebensogut wie die Heilige Jungfrau, mein Herr. Die Alte vom Roken hat's ihr beigebracht.«

»Ein Grund mehr. Ich will ihr einen Auftrag erteilen. Erfüllt sie ihn zu meiner Zufriedenheit, na ja, dann werden wir sehen.«

Bei diesen Worten lächelte er so hintergründig, daß der arme Gärtner an sämtlichen Gliedern zu zittern anfing. Anstatt sich über die halbe Zustimmung des Grafen zu freuen, bekam er Angst, dieser führe gegen die arme Klara etwas im Schilde. Aber jetzt war es zu spät, er mußte dem Befehl des Grafen gehorchen. Klara wurde also von ihrem Liebsten unterrichtet, sie möge sich am nächsten Tag aufs Schloß begeben.

Klara tat wie ihr befohlen. Sie traf den Grafen an einem Fenster sitzend an, das über dem Friedhof des Dorfes lag. Am ganzen Körper zitternd näherte sie sich ihm.

»Ihr wünschtet mich zu sehen, mein Herr?« stotterte das arme Kind.

»Ja«, erwiderte der Graf.

»Hier bin ich, Herr.«

»Hör zu«, sprach der Graf, »man sagt, du seist nach der Alten vom Roken die beste Spinnerin des Murgtals.«

»Mein Herr, ich spinne nicht besser als andere. Doch anstatt beim Spinnen zu singen, bete ich. Deshalb segnet der liebe Gott meine Arbeit.«

»Wenn das so ist, so komm her«, sprach der Graf.

Das junge Mädchen gehorchte.

»Schau aus diesem Fenster.«

Das junge Mädchen gehorchte abermals. Wie gesagt, war das Fenster auf den Friedhof gerichtet.

»Siehst du dieses Grab da unten?« fuhr der Graf fort.

»Sicher«, erwiderte das junge Mädchen, »es ist das meines Vaters.«

»Wie du siehst, ist es ganz von Brennesseln bedeckt.«

»Brennesseln wachsen gut auf den Gräbern«, murmelte seufzend das junge Mädchen.

»Nun gut«, fuhr der Graf fort. »Von meiner Amme habe ich gehört, daß man aus Brennesseln noch feinere Fäden spinnen kann als aus der feinsten Seide. Spinne mir aus diesen Brennesseln Garn für zwei Hemden: Eines soll dein Hochzeitskleid, das andere soll mein Totenhemd sein. Sobald du mir beide bringst, werde ich deiner Hochzeit meine Zustimmung geben.«

»Aber mein Herr«, erwiderte die junge Klara, »noch niemals habe ich gehört, daß man aus Brennesseln Garn spinnen kann, ich weiß überhaupt nicht, wie so etwas möglich sein könnte.«

»Erkundige dich danach. Deine Hochzeit hängt von dieser Bedingung ab.«

»Aber mein Herr!«

»Ich habe dir alles gesagt. Geh nun und komme erst mit den beiden Hemden wieder.«

Weinend ging die arme Klara von dannen. Auf halbem Weg zum Dorf traf sie den Gärtner, der schon auf sie wartete. Sie erzählte ihm, was geschehen war, und fragte ihn, ob er jemals gehört habe, daß man aus Brennesseln Garn herstellen könne.

»Ja schon«, erwiderte der arme Junge, »aber einen so feinen Faden, daß du mehr als zwanzig, die Alte vom Roken mehr als fünfzehn Jahre benötigen würde, um Garn für diese beiden Hemden zu spinnen. Also kommt das einer Ablehnung gleich.«

»Noch müssen wir nicht völlig verzweifeln«, gab das junge Mädchen zurück. »Heute abend werde ich zu meines Vaters Grab gehen und soviel beten, daß der liebe Gott vielleicht Mitleid mit uns hat und uns zu Hilfe kommt.«

Jedoch ihr Liebster senkte den Kopf. Da bemerkte er, daß der Graf aus dem Fenster schaute. Aus Angst, bestraft zu werden, weil er seine Arbeit für einen Augenblick unterbrochen hatte, kehrte er in den Garten zurück. Klara stieg derweil ins Dorf hinab. Als es Abend geworden war, lief sie zum Friedhof. Sie kniete sich an das Grab ihrer Eltern. Dort betete sie so inständig und versunken, daß sie die Alte vom Roken hinter sich nicht bemerkte. Neben ihr stehend, wartete diese darauf, daß sie ihr Gebet beende. Als aber das arme Kind nicht aufhörte zu beten, sprach die gute Alte: »Klara, was ist denn bloß geschehen, daß du so weinst und sogar beim Beten nicht aufhörst zu weinen?«

Da stieß Klara einen Freudenschrei aus. Noch bevor sie die Alte vom Roken angeschaut hatte, hatte sie schon deren Stimme erkannt. Da die Alte unten im Dorf im Ruf einer guten Fee stand, war sie sicher, die vom Himmel erhoffte Hilfe sei nun gekommen. Gleich warf sie sich ihr in die Arme und erzählte ihr alles, was sich zwischen ihr und dem Burgherrn zugetragen hatte.

»Handelt es sich nur darum, mein liebes Klärchen?« sprach die Alte lachend. »In diesem Fall kann dir geholfen werden, und in drei Monaten wirst du deine beiden Hemden haben.«

Bei diesen Worten fing sie an, die Brennesseln, die auf dem Grab von Vater Gottfried wuchsen, herauszuziehen. Als sie ihre Schürze damit vollgefüllt hatte, verließ sie den Friedhof. Dabei versicherte sie der Waisen immer wieder, sie brauche sich um nichts Sorgen zu machen. Klara vertraute ihren Worten vollkommen und kehrte beruhigt nach Hause zurück.

Seit diesem Tag waren sechs Wochen verstrichen. Der Graf hatte Klara nicht wiedergesehen und dachte nicht mehr an sie. Als er einmal bei der Jagd in den Bergen die Fährte eines Hasen verfolgte, kam er an einer Grotte vorbei. Dort sah er eine zierliche Alte, die mit der Spindel spann. Sie spann so schnell und so geschickt, dabei war der Hanffaden so fein, daß er anhielt und zu ihr trat.

»Guten Tag, liebe Alte«, sprach er zu ihr, »wahrscheinlich spinnt Ihr Euer Hochzeitskleid?«

»Hochzeitskleid, Totenhemd; ganz wie Ihr wollt, mein Herr«, murmelte die Alte.

Wider seinen Willen überfiel den Grafen ein Zittern. Aber er fuhr sogleich fort: »Das da ist sehr schöner Leinenfaden, wo hast du ihn gestohlen?«

»Ich habe ihn nicht gestohlen, mein Herr«, erwiderte die Alte, »er ist nur aus dem gemacht, was auf des braven Gottfried Grab wächst, Hanf aus Brennesseln. Haben Eure Lehnshoheit nicht von seiner Amme gehört, daß Brennesseln feineres Garn abgeben als die feinste Seide?«

»Ja, ja, ich habe davon reden gehört«, gab der Graf mit immer größerer Betroffenheit zurück, »aber ich glaubte, das sei ein Ammenmärchen.«

»Das war kein Märchen«, sagte die Alte.

»Und für wen spinnt Ihr so?«

»Für mein liebes Klärchen, die Braut des Schloßgärtners, bei der der Burgherr von Rotenfels zwei Hemden bestellt hat. Wenn Ihr den Burgherrn von Rotenfels trefft, mein Herr, dann sagt ihm, daß seine beiden Hemden in sechs Wochen fertig sein werden.«

Ohne es zu wollen, fühlte der Burgvogt sich erbleichen. Da er sich seiner Schwachheit schämte, gab er, ohne zu antworten, seinem Pferd die Sporen. Die Alte hingegen spann weiter und sang dabei eines dieser alten Lieder, die man an Winterabenden singt.

Nach drei Monaten, auf die Stunde genau, in der er die Hemden bei Klara bestellt hatte, sah der Herr auf Rotenfels das junge Mädchen das Burgtor durchschreiten. In jedem Arm hielt es ein Hemd.

»Mein Herr«, sprach es, »hier sind die beiden Hemden, die Ihr bei mir bestellt habt. Ihr Garn ist aus den Brennesseln gesponnen, die meines armen Vaters Grab bedeckten. Ich habe Euren Befehl getreulich ausgeführt, jetzt hoffe ich, daß auch Ihr Euer Versprechen einlöst.«

Tatsächlich setzte der Herr auf Rotenfels, so wie er es versprochen hatte, die Hochzeit von Klara mit dem Gärtnerjungen auf den nächsten Tag fest. Als der Burgkaplan die beiden gerade einsegnen wollte, schickte man in aller Eile wegen des Burgherrn nach ihm. Dieser hatte einen Blutsturz erlitten, der zu seinem Tode führte.

So kam es, daß am Abend zur gleichen Stunde, da zwei junge Mädchen Klara das Hochzeitskleid anzogen, zwei alte Frauen den Schloßherrn in seinem Totenhemd beerdigten.

Peter von Staufenberg

Je mehr man ins Murgtal hineinfährt, desto steiler und wilder wird die Landschaft. Das Flüßchen ist beladen mit Brettern, Balken und Bäumen, die nur von ihren größten Ästen befreit sind. Es fließt zum Rhein, um ihm den Ertrag des Schwarzwaldes zu überbringen. Man meint in einer dieser schönen Schluchten des Oberlands oder der Dauphiné zu reisen. Die Kulissen einer komischen Oper sind verschwunden und haben einer großartigen, schönen Naturlandschaft Platz gemacht.

Gernsbach

Gernsbach ist in gewisser Weise die Hauptstadt dieser kleinen abgelegenen Gegend. Es ist ein hübsches Städtchen voller Betriebsamkeit mit ungefähr 2000 Einwohnern. Seine Industrie besteht aus Sägemühlen, die vom Schwarzwald mit herrlichen Tannen beliefert werden.

Am äußersten Ende der Hauptstraße, ja ich glaube,

seiner einzigen Straße überhaupt, befindet sich ein Weg, der zur Ebersteinburg führt. Dort wohnten ehemals Grafen gleichen Namens. Sie verbanden sich im 10. Jahrhundert mit der kaiserlichen Familie. Und das geschah auf folgende Weise:

Nachdem Kaiser Otto I. (936–973) im Elsaß Giselbert, Herzog von Lothringen, besiegt hatte, wollte er sich die Grafen von Eberstein, die auf der Seite des Besiegten gestanden hatten, auch fügsam machen. Dies Ziel zu erreichen, gestaltete sich aber wegen der vortrefflichen Lage ihrer Burg schwierig. Da entschloß er sich, zu einem großen Ritterturnier nach Speyer einzuladen. Zweifellos würden die drei Grafen von Eberstein, angetrieben durch den Wunsch, dort ihren Mut und ihre Geschicklichkeit zu beweisen, seiner an alle Noblen Deutschlands gerichteten Einladung Folge leisten. Doch während der Zeit des Turniers wäre es für ihn ein leichtes, da die Adler ausgeflogen wären, sich ihres Nestes zu bemächtigen. Dafür wurde nun alles in die Wege geleitet. Während des Balls, der nach dem Turnier stattfinden sollte, wollte man die Burgeinnahme wagen.

Wie es der Kaiser vorhergesehen hatte, fanden sich die drei Grafen keineswegs als letzte in Speyer ein. Der Älteste wurde sogar Sieger des ersten Tages. Er wurde von Prinzessin Hedwig, Tochter König Heinrichs und Schwester des Kaisers, gekrönt. Dieser Sieg gab ihm außerdem das Recht, am Abend den Ball mit ihr zu eröffnen.

Nun war aber der Graf von Eberstein genauso schön wie er mutig war und genauso galant wie er schön war. Die Folge davon war, daß Prinzessin Hedwig[136] sich in diesen so vortrefflichen Kavalier verliebte. Der Graf seinerseits fand auch sie sehr schön. Niemals jedoch hätte er gewagt, auf die Verbindung mit einer Dame von so hohem Stande zu hoffen. Deshalb nahm er sich vor, diese Liebe ganz tief in seinem Herzen zu vergraben.

---

[136] In anderen Darstellungen dieser Legende (Uhland) ist von des Kaisers Töchterlein Edeltraud die Rede.

Doch als sie miteinander tanzten, flüsterte ihm die Prinzessin zu: »Seht Euch vor, Graf Eberstein, während Ihr hier der Sieger seid, seid Ihr vielleicht an anderer Stelle der Besiegte. In dieser Nacht will man in einem Überraschungsangriff Eure Burg einnehmen.«

Der Graf dankte dem jungen Mädchen, indem er ihre Hand drückte. Er beendete den *Contredanse,* ohne daß ein Muskel seines Gesichts die Warnung, die er erhalten hatte, verraten hätte. Nachdem er sie zu ihrem Platz begleitet hatte, verabschiedete er sich vom Kaiser. Er bat für sich und seine Brüder um die Erlaubnis, sich in die für sie bestimmten Gemächer zurückziehen zu dürfen, da sie vom Tage müde seien und sich für den nächsten Tag ausruhen wollten. Der Kaiser befahl, man möge sie dorthin geleiten. Als er sich durch die Diener hatte versichern lassen, daß sie dort gut eingeschlossen seien, gab er seinen Truppen Order, sich in Marsch zu setzen. Danach nahm er wieder seinen Ehrenplatz beim Fest ein.

Aber anstatt sich schlafen zu legen, kletterten die Grafen aus dem Fenster. Nachdem sie ihre drei Pferde aus dem Stall geholt hatten, ritten sie in schnellstem Galopp davon. Sie erreichten ihre Burg lange vor den Angreifern.

Dabei hatten zwei der jungen Grafen noch Zeit, einen Hinterhalt zu legen, bevor die Soldaten des Kaisers sich zeigten. Ihr älterer Bruder erwartete sie indessen auf der Höhe der Burgmauern. Es endete damit, daß sie alle gefangengenommen oder getötet wurden. Kein einziger konnte entkommen, um die Nachricht von dieser Niederlage nach Speyer zu bringen.

Anstatt jedoch ihren Sieg festlich und lärmend zu feiern, brachten die Grafen von Eberstein in aller Stille die Gefangenen in die Verliese der Burg. Mit den Kleidern, die sie den kaiserlichen Soldaten ausgezogen hatten, kleideten sie ihre eigenen Männer ein und postierten sie am Burgtor, um den Anschein zu erwecken, die Burg sei erobert.

Früh am nächsten Tag erschien tatsächlich Otto mit einer Eskorte von nur zwölf seiner ihm am engsten verbundenen Ritter. Als er schon von weitem die kaiserliche Fahne auf dem höchsten Turm flattern sah, klatschte er in die Hände, gab seinem Pferd die Sporen und rief: »Hurra! Eberstein ist genommen.«

Als die Soldaten das sahen, hoben sie wie auf Befehl ihre Waffen hoch und brüllten. »Es lebe der Kaiser!« So ritt der Kaiser völlig ahnungslos mit seiner Eskorte in den Burghof hinein.

Dort allerdings änderten die Dinge ihr Gesicht. Das Tor wurde hinter dem Kaiser geschlossen, von allen Seiten erschienen bewaffnete Soldaten der drei Grafen, und dann näherte sich Eberstein selbst. Er trug seinen Helm in der einen, sein Schwert in der anderen Hand.

Die Ebersteinburg aus der Vogelperspektive

»Sire«, sprach er, »jeder Widerstand ist zwecklos. Alle Eure Soldaten sind tot oder gefangen, und sogar Ihr seid mein Gefangener.«

Als der Kaiser sah, wie recht der Graf hatte, versuchte er es mit Lösegeld. Er bot ihm an, alle Helme seiner Soldaten mit Silber, die Helme seiner Offiziere mit Gold zu füllen. Was er da anbot, war wahrlich ein kaiserliches Lösegeld. Denn um Eberstein einzunehmen, hatte er zwölf Offiziere und dreihundert Soldaten ausgesandt.

Der Graf von Eberstein aber erwiderte, niemals würde er Gold noch Silber nötig haben, solange er Eisen und Stahl hätte.

Da bot der Kaiser an, ihm das ganze Murgtal, von der Quelle bis zur Mündung, als freies unabhängiges Eigentum zu überlassen.

Doch Graf Eberstein gab zurück, er sei bereits mächtig genug. Wenn er auch nur eine Burg besitze, so halte er in dieser sogar einen Kaiser gefangen.

Als der Kaiser erkannte, daß alle seine Angebote zurückgewiesen wurden, bat er den Grafen, das Lösegeld selbst zu benennen. Wie hoch es auch sei, es solle ihm gewährt werden.

Augenblicklich warf Graf Eberstein Helm und Schwert beiseite und kniete sich vor den Kaiser: »Sire«, sprach er, »nicht das Lösegeld liegt mir am Herzen, sondern die Bitte um etwas viel Kostbareres als alles Gold der Welt und alle Gebiete des Reiches. Ich halte um die Hand der Prinzessin Hedwig an.«

Eine Weile blieb der Kaiser in Gedanken versunken. Bald aber kam er zu dem Schluß, daß er wohl niemals für seine Schwester einen mutigeren und selbstloseren Ritter wie den Grafen Eberstein finden würde.

»Erhebt Euch, mein Bruder«, sprach er, »kommt, wann Ihr es wünscht, nach Speyer, um das Wort, das ich Euch gebe, einzulösen. An dem Tag, an dem Ihr kommen werdet, wird Euch Euer Lösegeld erwarten.«

Schon acht Tage später eröffnete Graf Eberstein wiederum den Ball mit der Prinzessin Hedwig. Aber diesmal war er es, der ihr ganz leise etwas zuflüsterte. Da sie sich nicht so gut beherrschen konnte wie ihr Verlobter, konnte jeder, so wird berichtet, aufgrund ihrer Schamröte erraten, was er zu ihr sprach.

Als ein Nachkomme dieses Grafen Eberstein und der Prinzessin Hedwig vom Grafen Eberhard von Württemberg verfolgt wurde und seinem Feind nicht in die Hände fallen wollte, trieb er sein Pferd an, von dem Felsen, auf dem seine Burg stand, in die Tiefe zu springen. Dieser Felsen hat aber eine Höhe von 70 Fuß. Wie durch ein Wunder verletzte er sich überhaupt nicht, überquerte die Murg und entkam. Heute noch zeigt man dem Reisenden die Stelle, von der er absprang, und die, wo er landete, und seitdem nennt man die übersprungene Strecke Grafensprung.

Da dieser Aussichtspunkt ringsum einen wundervollen Blick auf das Tal bot, ließen wir uns das Mittagessen dorthin bringen. Wir besaßen noch eine letzte Flasche Rheinwein, die wir mit besonderer Sorgfalt aufbewahrt hatten, weil es Johannisberger war. Diese Unglücksflasche nun rollte auf die Kante des Felsens zu und vollführte dort den gleichen Sprung wie der Graf. Leider hatte sie weniger Glück als er. Sie zerbrach in tausend Stücke.

Gegen drei Uhr nahmen wir unseren Weg wieder auf. Von der Ebersteinburg stiegen wir über **Staufenberg** hinab. Dort befand sich einst eine stolze Burg, von der noch wenige Reste zeugen. Nach dem Tod des letzten Grafen wagte niemand mehr dort zu wohnen, denn es hieß, in der Burg hausten Gespenster. So verfiel sie. Nun folgt die abenteuerliche Geschichte, die Anlaß zu diesem Aberglauben gegeben hat. Er ist heute noch so lebendig, daß die Bewohner des Murgtals abends ab einem gewissen Zeitpunkt lieber einen Umweg von einer halben Stunde in Kauf nehmen, als nahe an der Ruine vorbeizugehen.

Peter von Staufenberg war der letzte seines Geblüts. Aber obwohl er der letzte war, gab es keinen Grund zu befürchten, sein Geschlecht müsse aussterben, denn er war ein schöner junger Mann, strotzend vor jugendlicher Kraft und einer der mutigsten Ritter des ganzen Rheingaues.

Da zu dieser Zeit in den Gebieten des Reiches Ruhe herrschte, hatte er Helm und Harnisch beiseite gelegt. Anstatt in den Kampf gegen Menschen zu ziehen, bekämpfte er die Wildschweine und Damhirsche des Murgtals. Eines Abends war er nach einer langen und ermüdenden Jagd ganz ermattet durch Hitze und Durst. Da erinnerte er sich an eine reizende Quelle, an der er sich schon mehrere Male erfrischt hatte. Da die Quelle von seinem Standort nicht weit entfernt sein konnte, gab er seinem Pferd die Sporen. Schon bald vernahm er das Sprudeln des Wassers. Er stieg ab, band sein Pferd an einen Baum am Wegesrand und ging zu Fuß in den Wald.

Nach wenigen Schritten erblickte er die Quelle, die er gesucht hatte. Sie erschien ihm noch frischer und köstlicher, als er sie in Erinnerung hatte. Es war nämlich gerade zu dieser zauberhaften Abendstunde, in der der Tau auf die Erde fällt und der Dunst gen Himmel steigt.

Diesmal war die Quelle jedoch nicht einsam wie gewöhnlich: Ein bezauberndes junges Mädchen von vielleicht fünfzehn, höchstens sechzehn Jahren lag an ihrem Rand. Seinen Blick traurig auf das fließende Wasser gerichtet, ließ es die Spitzen seiner kleinen Füße ins Wasser hängen und stützte sein mit Seerosen bekränztes Haupt mit einer Hand ab. Beim ersten Anblick stutzte Peter von Staufenberg. Er glaubte, eine Vision vor Augen zu haben, denn so etwas war ihm noch nie begegnet.

Bei dem Geräusch, das er gemacht hatte, hob das Mädchen die Augen. Dann nahm es eine silberblau schimmernde Muschel, die neben ihm lag, füllte sie mit Wasser und reichte sie dem Ritter. Dieser hatte beim Anblick des Mädchens alles vergessen, selbst Hitze, Müdigkeit und Durst. Beim Trinken nun reckte er den Kopf nach oben, und als er die Augen wieder senkte und dahin schaute, wo das junge Mädchen gewesen war, sah er dort nichts mehr. Selbst an dem Platz, wo es gelegen hatte, schien das Gras nicht niedergedrückt zu sein. Sogar die zartesten Blumen reckten sich voller Frische auf ihren vom Tau feuchten Stengeln. Es schien ihm allerdings, als ob ein Gluckern des Wassers sich allmählich wieder beruhige, so als ob die schöne Unbekannte sich auf den Quellengrund habe gleiten lassen. Als das Wasser wieder zur Ruhe gekommen war, gab es keine einzige Spur mehr von der Erscheinung.

Wäre da nicht die schöne silberblau schimmernde Muschel gewesen, die er in der Hand hielt, hätte der Ritter alles für einen Traum gehalten.

Er wäre vielleicht die ganze Nacht über dort geblieben in der Hoffnung, das Mädchen käme zurück. Aber da hörte er das Horn seiner Treiber, die durch das Wiehern seines Pferdes dorthin geleitet wurden, wo er sich aufhielt. Da er jedoch befürchtete, so viele Menschen könnten das junge Mädchen erschrecken und es daran hindern, zurückzukommen, nicht nur an diesem Abend, sondern auch an den anderen Tagen, verließ er eilig den Wald. Er untersagte allen, von der Quelle zu trinken, und ritt mit seinem ganzen Gefolge auf seine Burg zurück.

Am nächsten Tag wollte der Graf nur aus seiner Perlmuttschale trinken. Doch obwohl sein Wein nur von den besten Gewächsen des Rheins und der Mosel stammte, erschien er ihm nicht annähernd so gut zu sein wie dieses klare Quellwasser, das ihm die schöne Unbekannte angeboten hatte.

Zur gleichen Stunde wie am Abend zuvor verließ Peter von Staufenberg allein seine Burg und begab sich zur Quelle. Da sah er das junge Mädchen am gleichen Platz liegen. Als es ihn erkannte, begrüßte es ihn mit zartem Lächeln. Seine Freude war groß, denn am Abend zuvor war es verschwunden, ohne ihm irgendeine Hoffnung auf ein Wiedersehen zu machen. Die Unbekannte bedeutete ihm, sich neben sie zu setzen, so als habe sie ihn erwartet. Da fragte der Graf sie, wie sie denn heiße und woher sie komme.

»Ich heiße Undine«, erwiderte das junge Mädchen, »und ich wohne nicht weit von diesem Ort. Oft habe ich beobachtet, wie Ihr zu der Quelle kamt, um Euch zu laben. Ich kenne Euch also schon.«

Sie redeten eine halbe Stunde miteinander, als ein Reh, das sich sicherlich nur an seiner Lieblingsquelle erfrischen wollte, ein Rascheln verursachte. Der Ritter wandte den Kopf in die Richtung, aus der das Geräusch kam, da er fürchtete, sie könnten belauscht werden. Als er sich über die Ursache im klaren war und er seine Unterhaltung mit

Undine wieder aufnehmen wollte, war diese verschwunden. Und wie am Vorabend zeigte ihm das aufgewühlte Wasser, wohin sie sich geflüchtet hatte.

Wie am Abend zuvor wartete der Ritter noch lange, aber sie kam nicht mehr zum Vorschein. Und abermals spürte er nach einer gewissen Zeit, daß er nun gehen müsse. Aber er wollte die Quelle nicht verlassen, ohne ein zweites Mal von diesem Wasser getrunken zu haben, das ihm beim letzen Mal so wohlschmeckend erschienen war. Da er seine schöne Schale nicht dabei hatte, kniete er sich auf die Erde und näherte seinen Kopf der Oberfläche des Wassers. Dort sah er jedoch nicht sein Spiegelbild im Quellwasser, sondern, so schien es ihm, statt dessen das Gesicht von Undine. Und als sein Mund das Wasser berührte, spürte er, anstatt der erwarteten Nässe, den zitternden Druck zweier Lippen. Peter von Staufenberg seufzte liebestrunken. Ein gleiches Seufzen schien vom Grunde der Quelle dem seinen zu antworten. Die Liebenden hatten ihren ersten Kuß getauscht.

Peter von Staufenberg kehrte fast verrückt vor Glück auf seine Burg zurück. In dieser Nacht konnte er nicht schlafen, immerzu spürte er den Druck dieses glühenden Kusses auf seinen Lippen. Er machte sich Vorwürfe, daß er Undine nicht bis auf den Grund ihrer Behausung gefolgt war. Dann schmiedete er für den nächsten Abend Pläne, die einer verwegener als der andere ausfielen. Ständig beobachtete er die Sonne, denn er konnte kaum den Abend erwarten. Endlich brach er herein. Schon lange vor der Zeit, zu der er sonst Undine getroffen hatte, war Peter von Staufenberg an der Quelle. Aber die Quelle war verlassen. Der arme Ritter verzweifelte schier, als er plötzlich vom Grunde der Quelle einen zarten Gesang wahrzunehmen glaubte. Zwischen den Seerosen, die den Lauf des Bächleins zudeckten, sah er den blonden Kopf von Undine erscheinen. Schon wollte er ihr entgegeneilen, als das junge Mädchen ihn durch ein Handzeichen zurückhielt. Auf den großen Blättern der Wasserpflanzen, die durch ihr Körpergewicht nicht einsanken, schritt Undine nun ans Ufer. Das Wasser rollte an ihr wie Perlen in dicken Tropfen herunter und schien wunderbarerweise weder ihre Haare noch ihre Kleid naß zu machen. Als sie beim Ritter angekommen war, setzte sie sich wie am Vorabend hin. Peter kniete sich vor sie hin, nahm ihre Hände und sah sie so zärtlich an, daß es keinen Zweifel mehr an den Gefühlen gab, die er für sie empfand. Undine lächelte. Dann, nach einem kurzen Schweigen, währenddessen sie ihn mit der gleichen Zärtlichkeit betrachtet hatte, sprach sie:

»Ja, Ihr liebt mich. Denn obwohl Ihr es nicht aussprecht, lese ich es in Eurem Herzen. Und ich, ich liebe Euch auch. Bei den Menschen würde ein Mädchen Euer Geständnis abwarten, und vielleicht wäre es besser gewesen, ich hätte mich so wie ein Mädchen bei den Menschen verhalten. Aber wie Ihr schon bemerkt habt, bin ich von anderer Natur als Ihr. Ich bin so durchsichtig wie der Palast aus Kristall, in dem ich wohne. Ich kann nichts verbergen.«

»Oh, wie glücklich bin ich«, rief der Ritter, »ich kann gar nicht sagen, wie sehr ich Euch liebe, und das seit dem ersten Tag, an dem ich Euch sah. So soll es immer bleiben.«

»Für immer?« flüsterte Undine. »Gebt acht auf Eure Worte. Denn wir Nixen besiegeln unsere Liebe mit dem Jawort und mit dem Jawort unsere Liebe. Da wir unsterblich sind, bindet uns dies gegebene Versprechen für die Ewigkeit. Verhält es sich bei Euch ebenso?«

»Ich kann mich nur für die Länge meines Lebens binden«, erwiderte der Ritter, »aber solange ich leben werde, solange werde ich Euch lieben.«

»Seid Ihr auch ganz sicher mit dem, was Ihr da sagt?« fragte Undine. »Macht keine törichten Versprechungen, schwört auch nicht bei Eurem Glauben, auch wenn er so kristallklar wie dies Wasser, so standhaft wie der Stahl Eures Schwertes wäre. Bedenkt, daß das Leid, das Ihr mir antun würdet, kein vergängliches Leid wie irdisches Leid sein würde, sondern eine immerwährende Qual wie die Höllenqual.«

Da legte der Ritter seine Hand auf das Kreuz seines Schwertes. »Wahr ist«, so sprach er zu ihr, »daß es mir unmöglich ist, ohne Euch zu leben. Wahr ist ferner, daß es mir unmöglich ist, Euch untreu zu sein. Sterben könnte ich, aber aufhören, Euch zu lieben, niemals!«

»Nun, dann bin ich die Eure«, gab Undine zurück. »Setzt selbst den Tag unserer Hochzeit fest. Morgen früh werdet Ihr beim Erwachen die Mitgift Eurer Verlobten finden.«

»Oh! Morgen, morgen«, rief der Ritter aus, »warum den Tag, an dem wir glücklich sein könnten, um einen Tag hinauszögern?«

»Morgen«, sagte Undine. »Ich habe ebenso den Wunsch, Euch zu gehören, wie Ihr mir. Denkt nur in dieser Nacht noch einmal über die Bindung nach, die Ihr eingegangen seid. Morgen früh habt ihr noch Zeit, Euer Wort zu widerrufen. Morgen abend sind wir für immer vereint.«

»Oh! Wäre für mich nur schon morgen abend«, rief der Graf und preßte Undine an seine Brust. Doch sie löste sich aus seiner Umarmung und richtete sich vor ihm auf. Alsdann neigte sie sich wie eine Blume im Wind zu ihm herab und drückte auf die Lippen des Ritters einen Kuß, der noch tausendmal süßer war als der vom Vorabend. Nun schritt sie wieder auf den Seerosenblättern zurück bis zu der Stelle, an der die Quelle am tiefsten war. Langsam versank sie dort im Wasser. Dabei winkte sie dem Ritter und lächelte ihm zu, solange bis sie in den Fluten verschwunden war.

Am nächsten Morgen beim Erwachen bemerkte der Ritter auf dem Tisch in der Mitte seines Schlafzimmers drei Körbe: einer war gefüllt mit Bernstein, ein anderer mit Korallen und der dritte mit Perlen. Undine hatte Ihr Versprechen wahr gemacht. Das war ihre Mitgift als Ehegattin. Aber wer sie dorthin gebracht hatte, konnte keiner sagen.

Der Ritter sprang von seinem Bett herunter und zog sich eilig an. Kaum hatte er seine Toilette beendet, als ihm gemeldet wurde, ein Zug junger Mädchen bewege sich auf die Burg zu. Er lief zum Fenster, und da erblickte er Undine, die sich mit dem Gefolge einer Königin näherte. Es waren die Wassernymphen, die ihr vom Neckar bis zur Kinzig untertan waren. Sie trugen die gleichen Kleider wie sie und hatten auch die gleichen Blumenkränze im Haar. Aber vom ersten Augenblick an erkannte man die Königin inmitten ihrer Untertanen. Peter von Staufenberg eilte ihr entgegen. Da er am Abend zuvor bereits den Kaplan benachrichtigt hatte, wollte er sie gleich zur Kirche führen. Undine aber bat ihn zuvor noch um ein letztes Gespräch. So geleitete er sie in ein kleines Zimmer. Als sie ganz allein mit ihm war, blickte sie ihm tief in die Augen und sah darin die gleiche Hingebung wie am Tag zuvor.

»Habt Ihr reiflich nachgedacht?« fragte sie.

»Ich weiß nicht, ob ich nachgedacht habe«, gab der Ritter zurück, »ich weiß aber, daß meine Gedanken nur bei Euch waren, daß ich nur Euch liebe und daß ich Euch immer lieben werde.«

»Überdenkt noch einmal, was Ihr versprochen habt und was Ihr nun zu tun gedenkt. Denn sollte jemals Euer Herz für mich erkalten oder sich für eine andere erwärmen, solltet Ihr mir dann auf irgendeine Weise untreu werden, so wäret Ihr verloren, selbst wenn Ihr weit von mir entfernt wäret. Ihr würdet in diesem Fall ein Zeichen für Euren nahen Tod erhalten. Dieses Zeichen wäre dieser Fuß hier. Er wäre der einzige und letzte sichtbare Teil von der, der Ihr ewige Treue gelobt habt.«

Der Ritter fiel auf die Knie und küßte den Fuß. Er war so hübsch, daß es unmöglich war, anzunehmen, er könne jemals zum düsteren Vorboten werden. Aufs neue schwor der Ritter, Undine bis zum Tod zu lieben. Nur zu gern wollte Undine ihm das glauben. Allzu leicht ließ sie sich überzeugen, und noch am gleichen Tag vereinigte der Burgkaplan das Liebespaar.

Groß war das Glück, und im ersten Jahr vermehrte es sich noch, anstatt abzunehmen. Denn nach neun Monaten gebar Undine einen Sohn, der ebenso schön war wie seine Mutter. Aber als dieses Jahr verstrichen war, erfolgte ein Aufruf Ludwig des Bayern an alle seine Ritter: Er hatte, auf die Forderung Eduards III. von England hin, Philipp von Valois den Krieg erklärt. Da Peter von Staufenberg zu den kraftvollsten und vor allem zu den mutigsten Rittern gehörte, war er natürlich in diesem Aufruf eingeschlossen.

Undine sah mit Schrecken den Zeitpunkt einer Trennung kommen. Zu sehr war sie jedoch auf den Ruhm ihres Ehegemahls bedacht, um ihn zurückzuhalten. Sie war es sogar, die ihm Mut einflößte, als er zauderte. Aber um ihres und ihres Sohnes willen erinnerte sie ihn noch einmal an seinen Schwur und an die Folgen, sollte er ihn brechen. Alles, was ein zärtliches Herz nur geloben kann, gelobte Peter von Staufenberg. Daraufhin ließ Undine ihn, wenn auch traurig, so doch voller Vertrauen, ziehen.

Ein zweites Jahr verstrich, in dem Peter von Staufenberg eine Menge Heldentaten vollbrachte. Als der gesamte englische Hof nach Brüssel kam, veranstaltete der Herzog von Brabant ihm zu Ehren glänzende Feste. Dieser Herzog von Brabant hatte keinen Sohn, sondern nur eine Tochter. Um das Herzogtum für seine Familie zu sichern, brauchte er einen Schwiegersohn mit Herz und Verstand. Dazu hatte er aus eigenem Entschluß Peter von Staufenberg ausersehen. Eines Tages ließ er also den jungen Ritter kommen, eröffnete sich ihm freimütig und bot ihm wegen des Fortbestehens des Herzogtums die Hand seiner Tochter an. Peter dankte ihm für die große Ehre, der er gerne entsprochen hätte. Jedoch, so gestand er, sei er verheiratet. Dann erzählte er mit wem und wie es dazu gekommen sei. Da schüttelte der alte Herzog den Kopf, nicht etwa, weil er der Erzählung keinen Glauben schenkte – er wußte, daß ein Mann wie Peter unfähig zur Lüge war –, aber weil ihm diese Angelegenheit nicht geheuer vorkam. Nach einer Weile des Schweigens, in der seine Vermutung sich noch verfestigt hatte, sagte er dann:

»Junger Mann, glaubt mir, an ein solches Eheversprechen braucht Ihr Euch nicht gebunden zu fühlen. Ihm liegt Zauberei zugrunde.«

Zwei Jahre zuvor hätte Peter von Staufenberg noch geantwortet, daß die einzige Zauberei, die es gebe, die Liebe sei. Aber inzwischen waren zwei Jahre verstrichen, ein Jahr im Besitze seiner Gattin, ein Jahr in Abwesenheit von derselben. Schon schien es ihm, der alte Graf könne recht haben. Trotzdem erwiderte er dem Herzog von Brabant, er teile zwar im Grunde seines Herzens dessen Zweifel, fühle sich aber deshalb nicht weniger an das gegebene Eheversprechen gebunden. Da schlug der Herzog ihm vor, aus dem Wissen des Erzbischofs von Köln, Walram von Jülich, zu schöpfen, der als Geistlicher in derlei Dingen sehr bewandert sei. In Peter von Staufenberg war eine Begierde zum Herrschen entfacht worden, die von Stunde zu Stunde auf Kosten seiner einstigen Liebe wuchs, und so war er damit einverstanden, den Erzbischof entscheiden zu lassen. Er versprach, ihm die Sache vorzutragen.

Wie man sich denken kann, war Monsignore Walram von Jülich der gleichen Meinung wie der Herzog von Brabant. Er fügte sogar noch hinzu, derlei Verbindungen seien in den Augen der Kirche verwerflich. Man tue nur ein gutes Werk, wenn man sie zerstöre. Angesichts solcher Autoritäten schmolzen die Einwände Peter von Staufenbergs, der insgeheim ja schon von seiner eigenen Begierde getrieben wurde, vollends dahin. Man feierte die Verlobung, und der Hochzeitstermin wurde auf acht Tage später festgelegt.

Am Vorabend des Hochzeitstages erschien einer von Peter von Staufenbergs Vasallen, um seinen Herrn zu sprechen. Er berichtete ihm, daß acht Tage zuvor seine Frau mit ihrem Kind verschwunden sei. Der Ritter rechnete nach. Der Zeitpunkt ihres Verschwindens deckte sich auf die Minute genau mit seiner Verlobung. Das bestärkte Peter noch in seiner Überzeugung, seine erste Heirat sei nur Zauberwerk gewesen. Dabei sei er nur das Spielzeug irgendeines Teufels gewesen, der in die Gestalt einer Frau geschlüpft sei, um ihn in die Falle zu locken. Die wenigen Gewissensbisse, die er tief im Herzen empfand, wischte er hinweg. Fröhlich traf er die Vorbereitungen für die Hochzeit am nächsten Tag.

Endlich brach der große Tag heran. Den ehelichen Segen spendete den Neuvermählten Monsignore Walram. Danach traf man sich auf einem Nachbargut, wo die fürstliche Tafel schon bereitet war. Nach dem Festmahl sollten sich die Neuvermählten auf eine herrliche Burg zwischen Löwen und Mecheln begeben – einem Hochzeitsgeschenk des Herzogs von Brabant.

Man war gerade beim Dessert angelangt. Die auserlesensten Rheinweine machten in den größten Pokalen, die man auftreiben konnte, die Runde. Alle waren ausgelassen und zufrieden. Auch Peter von Staufenberg schien die allgemeine Fröhlichkeit zu teilen. Doch plötzlich hefteten sich seine Augen auf einen Teil des Mauerwerks, ihm direkt gegenüber. Ein Fuß, der so hübsch und zierlich war, daß es nur ein Frauenfuß sein konnte, kam aus der Wand heraus, ohne daß man irgendein anderes Körperteil von der Person, der er gehörte, sah. Peter erinnerte sich an die Voraussagen Undines und die Drohung, die sie daran geknüpft hatte. Soviel Mut er auch besaß, es sträubten sich ihm die Haare, und kalter Schweiß trat ihm auf die Stirn. Denn die unbekannte Gefahr, von der er sich bedroht fühlte, war unsichtbar. Er konnte sich ihr nicht Aug in Aug stellen. So etwas mußte auch den Mutigsten einschüchtern.

Die Erscheinung dauerte einige Minuten an, während derer die Augen von Staufenbergs starr auf die Mauer gerichtet waren. Dann verschwand sie wieder.

Aber wie stark auch die seelische Wirkung auf den Ritter gewesen war, so hatte er sich doch so in der Gewalt, sie vor aller Augen zu verbergen. Keiner bemerkte etwas von dem Kummer, der ihm die Stimmung verdarb. Im Spaß fragte man ihn, warum er denn nichts mehr essen und trinken wolle. Doch er antwortete so schlagfertig und lustig, daß niemand weiter darauf achtgab.

Nun war der Zeitpunkt gekommen, die Tafel aufzuheben. Die Burg, auf die sich die Neuvermählten begeben wollten, lag ungefähr zwei Meilen von dem Landhaus entfernt, in welchem das Festmahl stattgefunden hatte. Gegen elf Uhr erhoben sich alle. Die Tischgäste bestiegen die Pferde, da sie die beiden jungen Leute bis zu ihrer Wohnstätte begleiten wollten.

Der ganze Zug setzte sich in Bewegung; die Nacht war dunkel. Nur mit Mühe konnte man gerade noch den schlecht ausgebauten Weg erkennen, der zur Burg führte. Als man in der Nähe einer Ruine vorbeikam, erschien plötzlich eine Art Schatten vor dem Pferd Peter von Staufenbergs. Durch die Erscheinung erschreckt, machte dieses einen Satz und ging durch. Da der junge Mann allen als ausgezeichneter Reiter bekannt war, lachte man nur über die Laune seines Reitpferdes und setzte den Weg fort. Man war sicher, Peter würde, nachdem er sein Pferd beruhigt hätte, wieder zum Begleitzug stoßen.

Das aber geschah nicht. Allem Anschein nach hatte das Pferd des Grafen den Teufel im Leib. Erst nach einer halben Stunde beruhigte es sich. Der Ritter versuchte, sich zu orientieren, was nicht ganz leicht war, denn, wie gesagt, es war dunkle Nacht. Nach einem Augenblick jedoch sah er am Horizont eine Burg, in der gerade Licht angemacht wurde. Er hegte keine Zweifel, daß dies seine Burg sei und die übrige Hochzeitsgesellschaft wahrscheinlich bereits vor ihm dort eingetroffen sei. Sofort ritt er querfeldein auf sie zu, und je näher er kam, um so sicherer war er, daß seine Annahme richtig gewesen war. Nur noch ein paar hundert Schritte waren es zur Burg, als er ans Ufer eines Flüßchens kam.

Der Ritter hielt auf allen Seiten nach einer Brücke Ausschau. Fast eine viertel Meile ritt er am Ufer hinauf und hinunter. Als er aber feststellte, daß keine da war, schloß er daraus, das Flüßchen müsse seicht sein und trieb sein Pferd hinein.

Kaum war Peter von Staufenberg in der Mitte des Flußlaufs, als der gleiche Schatten, der zuvor sein Pferd erschreckt hatte, aus dem Wasser tauchte und sich vor ihm aufrichtete. Bei seinem Anblick bäumte das Pferd sich auf, warf seinen Herrn ab, gewann das Ufer und galoppierte vor Angst wiehernd in Richtung Burg.

Was mit dem Ritter geschehen war, konnte niemand sagen. Die Spur der Pferdehufe führte zwar am nächsten Tag genau zu der Stelle, wo er abgeworfen worden war, einer Stelle, die bisher dafür bekannt war, höchstens zwei oder drei Fuß tief zu sein. Plötzlich jedoch war an dieser Stelle ein Schlund entstanden, dessen Tiefe man auch heute noch nicht in der Lage ist, auszuloten.

Da man seine Leiche nicht fand, konnte auch nie der Tod des Grafen bewiesen werden. Was die Burg von Staufenberg anbelangt, so entschied der Kaiser, man dürfe nicht über sie verfügen. So verfiel sie von diesem Zeitpunkt an.

Seither behaupten die Bauern, daß Undine und ihr Sohn in dieser Ruine als Gespenster spuken.

Baden-Baden

Baden-Baden, das wir der Einfachheit halber für die Franzosen kurz Baden nennen wollen, erreichten wir erst um acht Uhr abends. Wir wollten uns den ganzen nächsten Tag dort aufhalten.

Zwölf Stunden aber, um Baden zu besichtigen, wenn die Kursaison bereits vorüber ist, das sind selbst für einen gewissenhaften Touristen sechs Stunden zuviel. Baden im Monat Oktober gleicht einem Bergwerk ohne Bergleute, einem Bienenstock ohne Bienen.

Glücklicherweise hatte ich einen lieben, jungen und geistreichen Freund bei mir, den meine Leser bereits gut kennen. Sechs Wochen zuvor war er nach einigen Schwierigkeiten in Frankfurt zu mir gestoßen. Da aber diese Widerwärtigkeiten es nicht wert sind, hier erzählt zu werden, und meine Leser darüber eine farbenfrohe Beschreibung von Baden während der Saison vermissen würden, werde ich Gerard de Nerval für einige Zeit zu Wort kommen lassen. Man wird bald merken, welch ein Gewinn das ist:

Baden ist das St. Cloud[137] von Straßburg. Die Straßburger schließen Samstag ihre Läden und begeben sich nach Baden, um dort den Sonntag zu verbringen. Das klingt zwar normal, aber mindert dieser Umstand nicht etwas vom Glanz der aristokratischen Aura Baden-Badens? Die Grisetten des *Jardin Lips*[138] mischen sich hautnah im Gedrängel des Samstagballs mit deutschen Gräfinnen und russischen Prinzessinnen. Denn die Veranstaltung des *Cercle des étrangers*, um die in Baden so ein Wirbel gemacht wird, schließt weder Frauen mit Hau-

[137] Vorort von Paris, beliebt für Sonntagsausflüge.
[138] Vergnügungspark von Straßburg.

ben, Arbeiter mit Westen noch Soldaten ohne Dienstgrade aus.

Eines Samstags mache auch ich mich als einfacher Straßburger auf den Weg. Ich nehme die Postkutsche um ein Uhr und befinde mich auf einer mit Wagen vollgestopften Straße. Wichtig ist nur, noch am Abend anzukommen, um sich für den Ball umziehen zu können. Wir überqueren die Marktplätze, rattern, statt wie in Straßburg auf gepflasterten Straßen, nun auf einfachen Schotterwegen, die von Unkraut überwuchert zu werden drohen. Wir fahren am Arsenal entlang, in dessen Höfen sich 600 Geschütze wie bleierne Gußformen übereinanderstapeln. Dann kommen wir zur Insel, umgeben von grünlichem Wasser. Am Ufer sitzen Soldaten, die den ganzen Tag fischen. Da sie aus Sparsamkeit als Köder für ihre Angeln Heuschrecken verwenden, haben sie selten Erfolg. Rechterhand passieren wir nun das inmitten von Trauerweiden stehende aus rotem Stein gehauene Denkmal für Desaix[139]. Wir lassen die französische Zollstation und auch noch die beiden Rheinarme hinter uns und erreichen endlich die Zollstation von Kehl. Beim Kehler Zoll geht's wohlwollend und zügig voran. Was könnten wir auch nach Deutschland einführen wollen? Pariser Handschuhe, Baumwolldamast, seidene Spitzen, Zigarren der Tabakverwaltung, Kaschmirstoffe von Ternaux? Dieser Handel brächte nichts ein. In Wahrheit wollen wir unsere Ideen einführen. Aber das ist vorläufig nur ein Vorsatz.

Die Straße ist so gerade wie ein Eisenbahngleis. In der eigenartigen Landschaft, die wir durchfahren, gibt es nur Berge oder Ebenen, weder Hügel noch Bodenwel-

---

[139] General unter Napoleon, bei Marengo getötet.

len. Die Wiesen sind herrlich. Nicht umsonst haben die von Obstbäumen gesäumten Feldwege die Begeisterung General Bugeauds[140] hervorgerufen. Von Zeit zu Zeit folgen wir dem Rhein, der sich zu unserer Linken entlangschlängelt. Dann, ungefähr nach der halben Wegstrecke, erscheint am Horizont das Fort Louis. Die Straße führt durch einige ziemlich häßliche Dörfer. Dann nähern wir uns immer mehr diesen violetten Bergen, die uns, oben vom Festungswall Straßburgs aus betrachtet, so nah vorkommen. Das ist der Gebirgszug des Schwarzwalds, der jedoch nichts Erschreckendes an sich hat. Wann werden wir wohl Baden-Baden zu Gesicht bekommen, diese Hotelstadt am Hang eines Berges, deren Häuser eins nach dem anderen emporklettern wie eine Herde, der es in der Ebene an Futter mangelt? Wird denn das berühmte Panorama mit seinen prächtigen Gebäuden nicht vor unserer Ankunft sichtbar werden? Nein: Wir sehen nichts von Baden, ehe wir es erreichen. Eine lange Allee mit italienischen Pappeln verdeckt wie ein Theatervorhang die Sicht auf diese wundervolle Kulisse, die für ein Schäferspiel an der Oper inszeniert scheint. Um dieses großartige Schauspiel zu genießen, muß man sich an eine andere Stelle begeben. Lösen Sie Ihre Eintrittsbillets im Konversationshaus, bezahlen Sie Ihr Abonnement, sichern Sie sich Ihren Sitzplatz und dann, mitten in den Laubengängen beim Klang eines Orchesters, das unter freiem Himmel den ganzen Tag aufspielt... dann erst können Sie sich an der kompletten Ansicht auf Baden erfreuen, an seinem Tal, seinen Bergen, vorausgesetzt, daß der Herrgott mit strahlendem Sommerwetter für eine angemessene Beleuchtung sorgt.

---

[140] General Bugeaud beschäftigte sich Ende der 30er Jahre mit landwirtschaftlichen Angelegenheiten, besonders mit der Obstkultivierung.

Baden-Baden, Ansicht von Westen auf Neues Schloß und Stadtkirche

Aber ehrlich gesagt, drängt sich einem gleich der Eindruck auf, daß diese ganze Natur etwas Künstliches an sich hat. Die Bäume sind beschnitten, die Häuser verputzt, die Berge gleichen großen in Rahmen gespannten Leinwänden, über die die Dorfbewohner auf Arbeitspfaden hinabsteigen. Man sucht den Horizont ab, ob nicht vielleicht ein Ölfleck schließlich doch die menschliche Hand verraten und die Illusion zerstören könnte. Besonders hier kann man die Träumerei Heinrich Heines nachempfinden: Er stellte sich als Kind vor, jeden Abend rollten Diener die Wiesen wie Teppiche ein, löschten die Sonne aus, zögen die Bäume in einen Lagerraum, und am nächsten Morgen, ehe die Natur erwachte, brächten sie alle Dinge wieder an ihren Platz, bürsteten die Wiesen, staubten die Bäume ab und zündeten die Weltlaterne wieder an.

Übrigens stört nichts die kleine Bilderbuchwelt. Man fährt keineswegs auf einer gepflasterten schmutzigen Straße, sondern auf den Sandwegen eines englischen

Gartens. Zur Rechten Baumgruppen, Felsengrotten, Eremitagen, sogar ein kleines Wasserbassin als kostenloses Dekor, und das angesichts dieser nassen Kostbarkeit, die in der Gegend um Baden pro Glas verkauft wird. Zur Linken ein Bach (ohne Wasser), überwölbt von prachtvollen Brücken und gesäumt von grünen Trauerweiden, die nur zu gerne ihre Zweige ins Wasser tauchen würden. Bevor man über die letzte Brücke fährt, die zur Großherzoglichen Post führt, erblickt man die Einkaufsstraße von Baden. Das ist eine breite Eichenallee, an deren Seiten sich Geschäfte mit den herrlichsten Auslagen aneinanderreihen: sächsisches Linnen, englische Spitzen, Gläsernes aus Böhmen, Porzellan, Waren aus Indien und vieles mehr, alles Herrlichkeiten, die bei uns dem Einfuhrverbot unterliegen. Diese Verlockung verführt unsere Damen aus Straßburg zu politischen Straftaten, die unsere Zöllner mit Feuereifer ahnden.

Baden-Baden, Conversationshaus um 1855

Das Hotel Englischer Hof ist das schönste Hotel von Baden. Sein Speisesaal ist so prächtig wie kein einziger in Paris. Unglücklicherweise wird an der großen Gästetafel um ein Uhr mittags serviert (zu dieser Stunde speist man in ganz Deutschland). Wenn man später ankommt, bleibt einem nichts anderes übrig, als zum Essen ins Konversationshaus zu gehen.

Im allgemeinen kann man die Küche in Baden als sehr gut bezeichnen. Die Forellen der Murg machen ihrem Rufe alle Ehre. Wild verzehrt man frisch und nicht abgehangen mit Wildgeruch. Über die Art der Zubereitung ist man geteilter Meinung. Die Koteletts werden gebacken, die großen Fische gegrillt serviert. Die Konditoreiwaren sind mittelmäßig, die Puddings schmecken jedoch wunderbar.

Die Nacht ist hereingebrochen. Geheimnisvolle Gruppen irren im Schatten der Bäume dahin, huschen verstohlen über hügelige Rasenflächen. Mitten in einer, von Orangenbäumchen gesäumten, ausladenden Blumenanlage gehen die Lichter im Konversationshaus an. Seine weißen Laubengänge heben sich vor dem strahlenden Hintergrund der Salons ab. Links befindet sich das Café, rechts das Theater, in der Mitte der riesige Ballsaal. Sein Kronleuchter ist so groß wie der unserer Pariser Oper, und die Ausstattung im Inneren ist in Anlehnung an die Klassik im pompejanischen Stil gehalten, die Statuen riechen nach Akademie, die drapierten Vorhänge erinnern an den Geschmack des Empire. Aber die Gesamtwirkung ist verblüffend, und auch die Menge, die sich hier drängelt, ist vom Feinsten. Das Orchester bringt Walzer und deutsche Symphonien zum Erklingen, doch die Musik wird von den dissonanten ungenierten Rufen der Croupiers überlagert. Diese Herren bedienen sich der französischen Sprache, obwohl die Besucher meistens Deutsche oder Engländer sind. *Le jeu est fait, messieurs, rien ne va plus! Rouge gagne! Couleur perd! Treize, noir, impasse et manque!* Das sind die vorgeschriebenen Ausdrücke, die vom Rande der drei grünen Spieltische erschallen. Am meisten umlagert ist der Tisch, an dem *trente et quarante* gespielt wird.

Baden-Baden, Spielbank im Weinbrennersaal

Man kann sich nicht genug verwundern über die vielen schönen Damen und vornehmen Personen, die sich diesen öffentlichen Spielen hingeben. Selbst Familienmütter habe ich gesehen, die ihren Kindern beibrachten, wie man auf die Farben setzt. Die älteren durften es schon mit den Zahlen versuchen. Jedermann weiß, daß der Großherzog von Hessen der zuverlässigste Besucher der

Baden-Badener Spiele ist. Man erzählt sich, daß dieser Fürst jeden Morgen 12000 Gulden mitbringt, die er im Laufe des Tages entweder verliert oder vervierfacht. Eine Art von Leibgarde folgt ihm überallhin, wenn er den Tisch wechselt und bleibt hinter ihm stehen, um seine Nachbarn zu überwachen. Wenn jemand zu nahe an ihn herankommt, wird er mit folgenden Worten in seine Schranken verwiesen: »Mein Herr, Sie behindern den Fürsten! Mein Herr, Sie werfen einen Schatten auf des Fürsten Spiel!« Der Fürst hingegen dreht sich noch nicht einmal um, macht keine Bewegung, sieht niemanden. Man könnte ihn von hinten anstoßen, ohne daß seine Miene nur die kleinste Regung zeigte. Allein der Kammerdiener würde im gleichen eisigen Tone sagen: »Ihr Fuß hat gerade den Fürsten berührt, passen Sie doch auf, mein Herr!«

Samstags, wenn der große Ball stattfindet, teilt eine Wand den Spielsalon in zwei ungleiche Hälften. Die größere davon gehört den Tänzern, welche ein Abonnement besitzen müssen. Man kann sich kaum vorstellen, wie viele weiße Schultern von Russinnen, Deutschen und Engländerinnen ich an diesem Abend gesehen habe. Ich bezweifle, ob irgendeine andere Stadt in Europa für diese Zurschaustellung europäischer Schönheiten besser geeignet ist als Baden. Hier wetteifern England und Rußland um den meisten Glanz, das hellste Weiß, Frankreich und Deutschland hingegen bestechen durch Körperbau und Charme. Giocondo müßte nicht aufs Geratewohl in der Welt umherirren, hier fände er das, wonach er sich sehnt. Hier könnte Don Juan innerhalb einer Stunde seine Wunschliste, wie eine Menuauswahl im Restaurant, zusammenstellen, um später nach Belieben alle Aufnotierten zu verführen.

Vor dem Kursaal in Baden-Baden

Über diesen Ball kann ich eigentlich nur noch hinzufügen, daß das glückliche Länder sind, in denen im Sommer bei offenen Fenstern getanzt wird, während Blütenduft hereinströmt, Mondlicht über die Rasenflächen gleißt und in der Ferne die bläuliche Hügelkette widerspiegelt. Wo man von Zeit zu Zeit hinausgehen und unter schwarzen Alleebäumen tief durchatmen kann, während man von weitem die schön zurechtgemachten Frauen betrachtet, die die Laubengänge und Veranden zieren. Diese drei Dinge, Schönheit, Licht, Harmonie, kommen besonders zur Geltung in der Gegenwart von Himmel, Wasser, Laub und der Klarheit der Nacht! Dagegen sind unsere Winterballe in Paris traurig. Die Hitze in den Sälen ist zum Ersticken, draußen blickt man auf schmutzige Straßen, Regen trommelt an die Fenster, und am Ausgang wartet unbarmherzige Kälte. Und unsere

Maskenbälle im Februar bereiten uns auf die Fastenzeit geradeso wie auf den Tod vor.

Noch nie kam in Paris ein reicher Mann auf diese ganz einleuchtende Idee: ein Maskenball im Frühling! Ein Ball, der im leuchtenden Abendrot beginnt und im bläulichen Schimmer des Morgens zu Ende geht. Ein Ball, zu dem man fröhlich geht, den man fröhlich, die Natur bewundernd und Gott preisend, wieder verläßt. Maskierte Menschen auf den Rasenflächen, auf den Terrassen, ein Kommen und Gehen auf den schattigen Straßen, allen Düften der Nacht sich öffnende Säle, im Wind flatternde Vorhänge, Tänze, bei denen einem nicht der Atem ausgeht, bei denen die Haut ihre Frische bewahrt! Ist das alles nur der Traum eines jungen Mannes, der so wenig ernst genommen wird, daß er die bestehende Mode nicht wird ändern können? Bietet denn der Winter nicht schon genug Konzerte und Theatervorstellungen, daß er dem Sommer auch noch die Bälle und Kostümfeste stehlen muß?

Aber nun noch einige Worte zu dem Fest für den Großherzog, dem ich beigewohnt habe.

Welche Vergnügungen kann man sich noch in einer Stadt vorstellen, die unentwegt am Feiern ist? Das einzige Mittel, diesen Tag von den anderen zu unterscheiden, wäre, die Orchester, die Tanzveranstaltungen, die Theaterdarbietungen, die Lichter der übrigen Abende wegzulassen. Aber vielleicht werden wir nun Paraden und feierliche Festaufmärsche erleben? Auch das muß man gesehen haben.

Tatsächlich begeht die Stadt alles in großem Stil. Um zehn Uhr Hochamt und Te Deum, sowohl in Baden als auch in Lichtental; mittags Festzug, Parade, Militäraufmärsche; abends ein zu Ehren des Großherzogs gedich-

Baden-Baden, Lichtentaler Allee

tetes Phantasiestück im deutschen Theater. Den ganzen Tag über Salutschüsse zu jeder Viertelstunde. Da die Stadt nur eine Kanone besitzt, liegt der Verdacht nahe, daß man auf ein anderes Verfahren zurückgegriffen hat, um diese Detonationen zu erreichen, die sich längs der Berge vervielfachen.

Die Straße nach **Lichtental** ist gefüllt mit Kutschen, Spaziergängern, Reitern. Wie auf einer Pariser Promenade ist alles in Bewegung, alles strahlt Glanz und Luxus aus. Lichtental ist das Longchamp[141] von Baden. Lichtental (Tal des Lichts) ist ein Kloster mit Augustinerinnen[142], die wundervoll singen. Ihre Gebete sind Kantaten, ihre Messen Opern. Es heißt, dieses idyllische Refugium, diese freundliche Kartause, sei der Zufluchtsort der gebrochenen Herzen. Man kommt dorthin, um große un-

141 Im Bois de Boulogne befand sich eine Abtei namens Longchamp
142 Es sind Zisterzienserinnen.

glückliche Lieben zu überwinden. Mit seinem Schmerz mietet man sich dort für drei, sechs, neun Jahre ein. Aber wer weiß, ob die Behandlung nicht schließlich die Heilung überdauert?

In Wahrheit ist das ein Kloster für die Heldinnen von Taschenromanen. Eine Klause ganz nach den Vorstellungen von Madame Cottin[143] und Madame Riccoboni[144]. Die Klostergebäude haben im Rücken einen Berg, der zu gewissen Tageszeiten den düsteren Schatten seiner Tannen in den Hof wirft. Am Fuß der Mauern fließt der Bach von Baden vorbei. Doch bietet er an keiner Stelle genügend Tiefe, um zum Grab einer tragischen Verzweiflungstat zu werden. Sein unaufhörliches Gemurmel klingt wie eine Klage an den rötlichen Felsen wider. Doch einmal in der flachen Ebene angelangt, gibt es höchstens noch den Hügel des Lignon[145], der Bach wird ein friedliches Gewässer ganz nach der Carte du Tendre[146]. An seinen Ufern grasen die Dorfschafe. Gepflegt und mit Halsbändern versehen, erinnern sie an Gemälde von Watteau. So wie die Tauben auf dem Markusplatz in Venedig sind diese Schafherden Teil des Landstrichs und werden von der Regierung unterhalten. Die Hälfte der Landschaft besteht aus Weideland, das der *Petite Suisse*[147] des Trianon gleicht. Tatsächlich ist die ganze

---

[443] Sophie Cottin (1773–1807), Verfasserin empfindsamer Romane.

[144] Marie-Jeanne de Riccoboni (1714–1792), Schauspielerin und Verfasserin empfindsamer Romane.

[145] Fluß in der Loire-Gegend, wo sich der Schäferroman »L'Astrée« von Honoré d'Urlé (1567–1625) abspielt.

[146] Allegorische Landschaftsbezeichnung als Land der Liebe in dem galanten Roman »Clélie, histoire romaine« von Madeleine de Scudéry (1607–1701).

[147] Landschaft, für Marie-Antoinette im Park von Versailles gestaltet.

Gegend um Baden ein Abbild der Schweiz im kleinen, einer Schweiz ohne Gletscher, Seen, Steilhänge, Kälte und Nebel. Die Schweiz sollte man gesehen haben, aber leben sollte man in Baden.

Die Klosterkirche befindet sich im hinteren Teil des großen Hofes. Rechts von ihr steht das Abteigebäude, links von ihr, im rechten Winkel zurückspringend, eine neugotische Kapelle. Hier findet man die Gräber der Markgrafen, marmorne Inschriften und die noch erhaltenen alten Fenster. Stellen Sie sich nun die Gestaltung des Schiffes der Klosterkirche im überschwenglichen Pompadourstil vor. Die Heiligen sind in mythologischen Gewändern mit manieristischen Gebärden dargestellt, gestützt, getragen und liebkost von Putten, die nackten Amoretten ähneln. Die Kapellen gleichen Boudoirs. Liebliche Medaillons sowie feine Gemälde von Vanloo[148] werden von Rocaille umschlungen. Nur zwei Altäre vermitteln unheimliche Gefühle mit ihren ausgestellten schaurig gut erhaltenen Reliquien des heiligen Pius und des heiligen Benedikt. Aber selbst da hat man nach Mitteln gesucht, den Tod auf fast kokette Weise darzustellen. Die beiden gut gereinigten, gelackten und mit Silberstiften zusammengehaltenen Skelette liegen in einem gläsernen Schaukasten auf einem Bett aus Kunstblumen, Moos und Muscheln. Bekränzt sind sie mit goldenem Laubwerk. Die Halswirbel umschließt ein Spitzenkrägelchen. Jede ihrer Rippen ist mit einem goldbestickten roten Samtband garniert, was zusammen wie ein geschlitztes Wams[149] wirkt und den komischsten Eindruck

---

[148] Nerval bezieht sich auf den Hofmaler Ludwigs XV., es gibt aber keine Gemälde Vanloos in Lichtental.

[149] Kurzjäckchen mit Schoß und ausgefütterten Schlitzen aus dem 16. Jahrhundert.

hinterläßt. Ihre Oberschenkel stecken dazu noch in einer Art Kniebundhose aus dem gleichen Samt, die mit aus weißer Seide ausgefütterten Schlitzen versehen sind. Der lächerliche und zugleich peinliche Anblick dieser Knochenmaskerade kann nur verglichen werden mit den Mumien eines Herzogs von Nassau und seiner Tochter, die in der Kirche St. Thomas in Straßburg ausgestellt sind. Es ist einfach unmöglich, den Tod noch profaner darzustellen und die Ewigkeit noch beißender zu verspotten.

Nun verbreitet euren Klang, ihr strengen, getragenen und erhabenen Noten des Kirchengesangs, die ihr die Engelszungen übersetzt, die heilige Sprache Roms. Du, majestätische Orgel, verströme deine Töne gleich Fluten in dieses halbprofane Kirchenschiff! Schwingt euch empor, ihr begnadeten Stimmen der heiligen Töchter, zum Gesang der Engel gleich dem der Vögel! Die Zuhörerschar ist groß und ohne Zweifel würdig, dem heiligen Meßopfer beizuwohnen. Die auswärtigen Gäste nehmen die Ehrenplätze im Chor und in den Seitenkapellen ein. Die Einwohner füllen bescheiden den Hintergrund der Kirche. Sie knien auf dem steinernen Fußboden oder pressen sich in ihre Holzbänke.

Hier nun begann für mich, der ich ja fürwahr italienische Messen kenne, die eigenartigste Messe, die ich je gehört habe. Es war eine Messe im Rokokostil wie die ganze Kirche, begleitet von Streichern und lebhaft vorgetragen. Schon bald unterbrachen die Chorsänger ihren Vortrag, und die Augustinerinnen stiegen von einer Art Hängeboden hinter der Orgel, der durch ein großes Gitter abgetrennt ist, herab. Dann hörte man nur noch eine einzige Stimme, die eine feierliche Arie nach altitalienischer Manier sang. Es waren darin Läufe, unglaubliche Koloraturen und Verzierungen enthalten, bei denen Madame Damoreau[150] den Kopf und Mademoiselle Grisi[151] die Stimme verloren hätte. Und das bei einer Musik, die höchstens aus der Zeit Pergolesis[152] stammte. Jetzt können Sie vielleicht meine Freude verstehen. Ich möchte es vor niemandem verheimlichen, daß diese Musik und dieser Gesang mich in den siebten Himmel versetzt haben.

Kloster Lichtental aus der Vogelperspektive

Nach der Messe bin ich zum Sprechzimmer hochgestiegen, das sich in keiner Weise von der übrigen Einrichtung unterschied. Ein Sprechzimmer wie aus einem ga-

150 Von Rossini geförderte Opernsängerin (1808–1863).
151 Carlotta Grisi (1819–1899), Sängerin.
152 Anfang 18. Jahrhundert.

lanten Roman, das Boudoir von Marianne[153], von Mélanie[154] und, wenn Sie wollen, sogar das Sprechzimmer von Vert-Vert[155]. Welch Glück, sich plötzlich mitten im 18. Jahrhundert zu befinden – und das ganz und gar! Leider konnte ich keine Nonne veranlassen, dort zu erscheinen. Ich mußte mich damit zufriedengeben, zwei Novizinnen im blauen Habit vorbeigehen zu sehen, die der Mutter Oberin Milchkaffee brachten.

Am Bachlauf entlang kehrte ich nach Baden zurück, aber was für ein Bach! Er ist gerade noch schiffbar für Enten. Gänse stoßen schon überall mit den Füßen an. Trotzdem überspannen ihn an vielen Stellen anspruchsvolle Brücken, mal Brücken aus Stein, mal aus Holz bis hin zu eisernen Hängebrücken. Sie können sich kaum vorstellen, was man diesem klaren Rinnsal alles antut, das doch nichts anderes sein will als ein einfaches Bächlein. Am anderen Ende der Stadt hat man Dämme gebaut, damit es vor dem Ankommen dort mehr Oberfläche zeigt. Als man in Baden die Ankunft des russischen Zaren meldete, sprach man davon, einige Eimer Wasser in den Bach zu schütten, damit er ein bißchen wie ein Fluß aussähe.

Aber lassen wir diesen armen Bach von Baden-Baden, der wasserärmsten Gegend der Welt, in Frieden. Die ganze Stadt ist auf den Beinen. Was erwartet uns? Es ist die Armee des Großherzogs, die gerade auf der Promenade einmarschiert: fünfzig Mann Kavallerie, hundert Mann Infanterie, acht Tambourmajore und fündundzwanzig Musiker. Dieser majestätische Aufmarsch er-

---

153 Heldin aus Marivaux' Roman »La Vie de Marianne« (1731–1742).
154 Tragödie von Jean-François de La Harpe (1739–1803).
155 Name eines Papageis, nach dem die Verserzählung von Jean-Baptiste-Louis Gresset (1709–1777) benannt ist.
Die drei genannten Werke handeln vom Leben in Frauenklöstern.

weckt bei mir eine ziemlich traurige Meinung von der badischen Militärausbildung. Später erfuhr ich, daß diese Soldaten nur ehrenwerte Landwirte aus der Gegend waren, die sich an den Tagen der Truppenparade zur Einkleidung aufs Schloß begeben und hernach die geliehenen Kleidungsstücke gewissenhaft wieder einlagern. Die militärischen Kräfte der Stadt Baden bestehen in Wirklichkeit nur aus zweihundert ein wenig angefressenen Uniformen mit vollständigem Zubehör. Der Stadt steht es frei, sie mit irgendwelchen Personen zu füllen, wenn sie Ausländern gegenüber ihre militärische Macht demonstrieren will.

Die Abendunterhaltung des Festes begnügte sich nun mit der aller Tage. Wir besuchten die Aufführung, die, den Umständen des Tages gemäß, im deutschen Theater zu Ehren des Großherzogs und seiner Familie aufgeführt wurde. Dabei muß man vor allem die gute Absicht loben. Girlanden aus Blumen und frischem Blattwerk schmückten die Vorderseiten der Logen, wo die schönen Zuschauerinnen als Zierde des Zuschauerraums saßen.

Als der Vorhang sich hob, trat eine Schauspielerin im Kostüm der Thalia vor und sprach in Hunderten von Versen ein Loblied auf den regierenden Großherzog. Erst dachten wir, daß das ganze Stück sich auf einen Monolog beschränke. Alsdann näherte sich eine zweite Schauspielerin, als Melpomene gekleidet, und warf der ersten vor, sie spräche immer nur vom lebenden Regenten und vergesse dessen Vorgänger. Nun wurde die Unterhaltung der beiden Musen wie bei den Hirten der Ekloge in alternierenden Strophen fortgeführt, wobei jede die verschiedenen Verdienste des Regenten und seines Vaters wiedergab. Schließlich schwebte im Hintergrund der Bühne durch eine Falltür eine Büste empor. Beide Schauspielerinnen liefen dorthin und legten

Kränze nieder. Ein Glorienschein krönte das Ganze, wobei blaue und rote Flammen das Schlußbild umzingelten. Das war nicht lächerlicher als das festliche Zeremoniell für Molière im Theatre-Français, aber es war genauso lächerlich. Der starke Regen, der den ganzen Abend über andauerte, hätte ein Feuerwerk verhindert, sofern eines auf dem Programm gestanden hätte. Im nachhinein haben die Organisatoren des Festes sicher bedauert, daß sie keines angekündigt hatten.

Abbildungsnachweis

Der Rhein

S. 2: Deck eines Rheindampfers. Holzschnitt nach Zeichnung von K. Ekwall um 1900. Ausschnitt aus: Paul Hübner, Der Rhein. Frankfurt 1974

S. 5: »Neues Panorama des Rheins« (Ausschnitt) von Friedrich Delkeskamp, Frankfurt 1840. Leporello mit Stahlstichen. Aus: Mythos Rhein, Bd. 1, Ausstellungskatalog. Ludwigshafen 1992

S. 13: Flußgott Rhenus, Skulptur. Foto aus Schwetzinger Schloßpark

S. 17: Aus: Dr. Josef Wilden, 100 Jahre Düsseldorfer Dampfer. Köln und Düsseldorf 1936

S. 19: Blick vom Beueler Ufer auf Bonn mit Dampfschiff »Germania«. Stahlstich von F. Foltz um 1860. Aus: Ilse Riemer, Altbonner Bilderbuch. Bonn 1971

S. 24: Der Marktplatz in Bonn. Stich von Bernhard Hundeshagen 1832. Aus: Ilse Riemer, Altbonner Bilderbuch. Bonn 1971

S. 33: Vilich und Schwarzrheindorf, Lithographie von Laurenz Lersch, 1837. Aus: W. Schwarze, Alte Bonner Stadtansichten mit Bad Godesberg. Wuppertal 1978

S. 40: Der Johannisberg. Stahlstich aus: Karl Simrock, Das malerische und romantische Rheinland. Bonn 1865

S. 44 Einer der ersten Fahrpläne 1838. Aus: vgl. wie S. 17

Drachenfels

S. 45: Das gotische Hochkreuz. Lithographie von L. Lersch, 1837. Aus: Riemer, vgl. wie S. 19

S. 47: Königswinter mit dem Drachenfels und dem Wolkenberg. Stahlstich von B. Hundeshagen um 1832. Aus: Schwarze, vgl. wie S. 33

S. 49 Illustration zur Drachenfelssage. Lithographie aus: Karl Stieler u. a., Hrsg., Rheinfahrt. Hannover 1978

S. 51 Ausblick ins Rheintal nach Bonn und Godesberg, Stahlstich um 1835. Aus: Schwarze, vgl. wie S. 33

S. 57 Rolandsbogen und Insel Nonnenwerth, im Hintergrund der Drachenfels. Stahlstich von Robert Wallis nach Captn Robert Batty um 1835. Aus: Schwarze, vgl. wie S. 33

S. 58 Apollinarisberg um 1835. Aus: Michael Schmitt, Die illustrierten Rheinbeschreibungen. Köln/Weimar 1996

S. 61 Auf einem Rheindampfer. Lithographie aus: Stieler, vgl. wie S. 49

S. 62 Burg Hammerstein. Lithographie aus: Stieler, vgl. wie S. 49

S. 70 Ein Riesenfloß mit Rolandseck und Drachenfels. Gouache nach Lithographie. Aus: Heinz Biehn, Romantiker malen am Rhein. Amorbach 1975

S. 72 Grabmal des General Hoche mit Ansicht von Neuwied und Weißenthurm. Aus: Horst-Johs Tümmers, Rheinromantik. Köln 1968

Koblenz

S. 74 Ehrenbreitstein mit Schiffsbrücke. Stahlstich aus: Stieler, vgl. wie S. 49

S. 78 St. Kastor. Stahlstich aus: Stieler, vgl. wie S. 49

St. Goar

S. 84 Burg Stolzenfels. Aus: Heinrich Lützeler, Bonn, so wie es war. Düsseldorf 1978

S. 85 Königsstuhl bei Rhens. Lithographie nach 1800. Aus: Ortwin Rave, Hrsg., Der deutsche Rhein. Berlin 1938

S. 86: Braubach und die Marksburg. Aus: Simrock, vgl. wie S. 40

S. 87 Burgen Sterrenberg und Liebenstein. Aus: Karl Simrock, Das malerische und romantische Rheinland. Nachdruck, Hildesheim/New York 1975

Die Loreley

S. 93 Der Loreleyfelsen. Stahlstich von C. Hohe, Mitte 19. Jh. Aus: Simrock, vgl. S. 40

S. 95 Kaub, Pfalz und Burg Gutenfels. Stahlstich von Carl Ludwig Frommel aus: Simrock, vgl. wie S. 87

S. 96 Wernerkapelle in Bacharach. Stahlstich von Frommel aus: Simrock, vgl. wie S. 87

Frankfurt

S. 102 Römerberg nach Norden. Stich nach Zeichnung von A. Radl aus: Heckmann/Michel, Frankfurt mit den Augen Goethes. Frankfurt 1982

S. 104 Die Krönungsinsignien der deutschen Kaiser. Aus: Heckmann, vgl. wie S. 102

S. 106 Krönungsfest in Frankfurt. Aus: Heckmann, vgl. wie S. 102

Die Judengasse

S. 111 Das Goethehaus nach dem Umbau. Aus: Heckmann, vgl. wie S. 102

S. 114 Der durch das Bombardement zerstörte nördliche Teil der Judengasse. Aus: Paul Arnsberg, Die Geschichte der Frankfurter Juden. Darmstadt 1983

Ausflüge

S. 124 Burg Königstein. Stahlstich aus: Simrock, vgl. S. 87

S. 131 An der Trinkquelle in Soden. Lithographie aus: Stieler, vgl. wie S. 49

Mannheim

S. 133 Mannheim aus der Vogelschau, 1850. Stahlstich von J. Poppel aus: Ingeborg Riegel und Michael Caroli, Mannheim ehemals, gestern und heute. Mannheim 1992

Heidelberg

S. 149 Stadt und Schloß Heidelberg. Ölbild von J. W. Roux. Aus: Max Schefold, Alte Ansichten aus Baden, Bd. 1 und 2. Ulm 1971

S. 150 Charles de Graimberg. Kopie aus Badener Neueste Nachrichten vom 10. 12. 1989

S. 152: Die Kasimir-Tonne zu Heidelberg, 1591 (163 000 Liter). Aus: Paul Daehne, Das große Faß zu Heidelberg und seine Vorgänger. Berlin und Leipzig 1930

S. 153: Das 2. Faß von Karl Ludwig, 1664 (195 000 Liter). Aus: Daehne, vgl. wie S. 152

S. 155 Das erneuerte Prunkfaß von Karl Philipp, 1727, links an der Treppe Perkeo. Aus: Daehne, vgl. wie S. 152

S. 156 Die Carl-Theodor-Tonne von 1751, links Zwerg Perkeo. Aus: Daehne, vgl. wie S. 152

S. 159 Studentencorps Rhenania. Aus: Riemer, vgl. wie S. 19

S. 163 Duell. Aus: Heidelberger Studentenleben einst und jetzt. Heidelberg 1986

Karlsruhe

S. 167 Karlsruher Marktplatz in südlicher Richtung. Lithographie von Karl Müller 1828. Aus: Schefold, vgl. wie S. 149

S. 169 Markgräfin Sibylla Augusta als Jägerin mit einem Prinzen. Aus: Schloß Favorite, Amtlicher Führer des Staatlichen Liegenschaftsamtes Karlsruhe. Karlsruhe 1978

S. 174 Schloß Favorite, Gartenseite. Foto aus: vgl. wie S. 169

S. 181 Gernsbach. Lithographie nach Pernot 1830. Aus: Max Schefold, Der Schwarzwald in alten Ansichten und Schilderungen. Stuttgart 1965

S. 184 Die Ebersteinburg aus der Vogelperspektive. Prospekt des gräflichen Stammhauses, 2. Hälfte 17. Jahrhundert, aus: Schefold, vgl. wie S. 149

Baden-Baden

S. 202 Ansicht von Westen auf Neues Schloß und Stadtkirche. Aquarell von J. Berckmüller aus: Schefold, vgl. wie S. 149

S. 203 Baden-Baden, Conversationshaus um 1855. Aus: Schefold, vgl. wie S. 149

S. 205 »Grande salle de la Conversation de Baden-Baden«. Lithographie von Jaquemot aus: Schefold, vgl. wie S. 149

S. 207 Vor dem Kursaal in Baden-Baden. Lithographie aus: Stieler, vgl. wie S. 49

S. 209 Baden-Baden, Lichtentaler Allee. Stahlstich von Oeder. Aus: Schefold, vgl. wie S. 149

S. 213 Kloster Lichtental aus der Vogelperspektive. Ausschnitt aus Ölbild von Balthasar Schmid um 1775. Aus: Schefold, vgl. wie S. 149

DIANA

Das anspruchsvolle Programm

62/0004

Peter S. Beagle
Die Sonate des Einhorns
Roman

62/0005

Klaus Modick
Das Grau der Karolinen
Roman

62/0009

David Lodge
Die Kunst des Erzählens

62/0002

Dietrich Schwanitz
Das Shylock-Syndrom oder Die Dramaturgie der Barbarei

DIANA-TASCHENBÜCHER

Zeit zum Lesen …